CB017219

A Música Clássica da Índia

COLEÇÃO SIGNOS/MÚSICA

DIRIGIDA POR
livio tragtenberg
gilberto mendes
augusto de campos
lauro machado coelho

EDIÇÃO DE TEXTO:
lilian miyoko kumai

REVISÃO DE PROVAS
marcio honorio de godoy

PROJETO GRÁFICO
lúcio gomes machado

PRODUÇÃO
ricardo w. neves, sergio kon
e raquel fernandes abranches

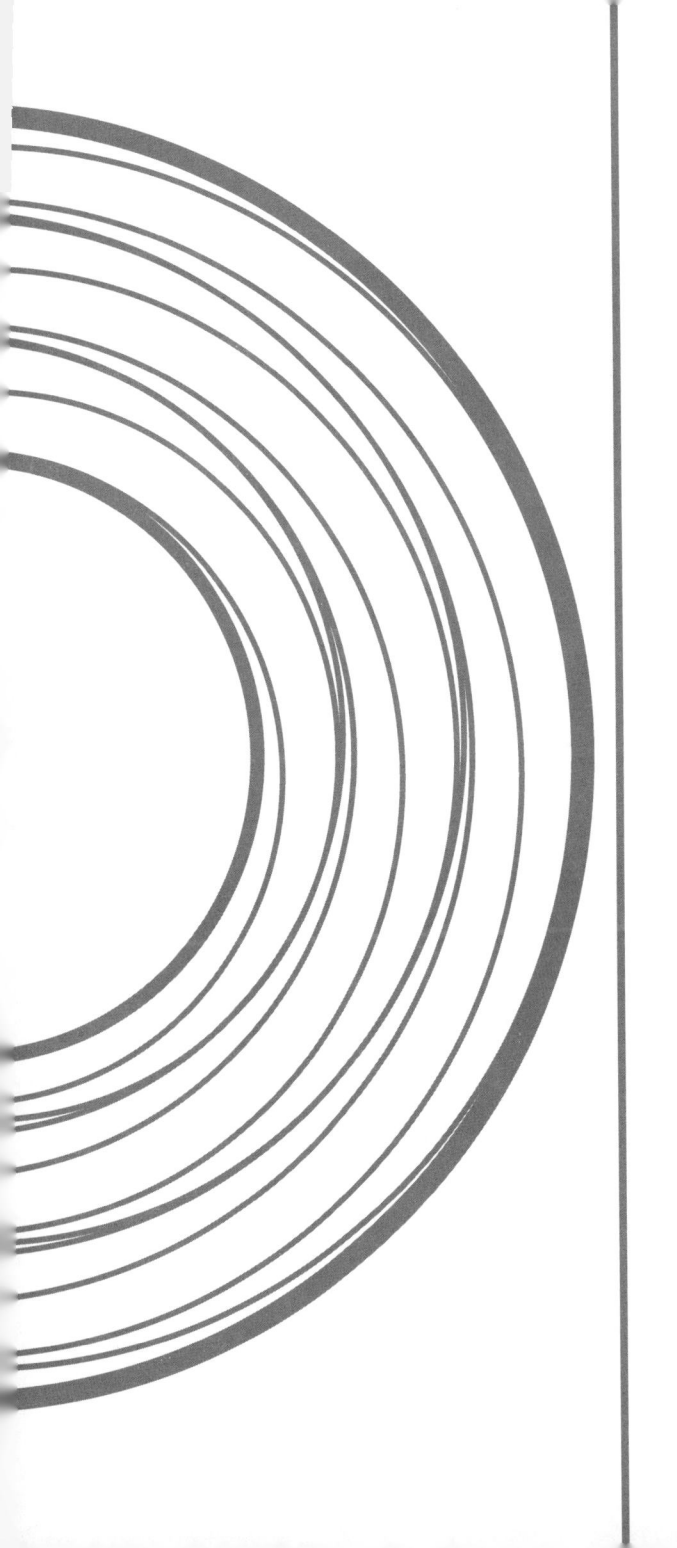

A MÚSICA CLÁSSICA DA ÍNDIA

ALBERTO MARSICANO

 PERSPECTIVA

Copyright © by Editora Perspectiva,2006

Dados Internacionais de Catalogação
na Publicação (CIP)
(Câmara Brasileira do Livro, SP, Brasil)

Marsicano, Alberto
A música clássica da Índia / Alberto Marsicano.
– São Paulo: Perspectiva, 2011. – (Coleção Signos
Música; 7)

2ª reimpressão da 1ª edição de 2006
Bibliografia.
ISBN 978-85-273-0761-1

1. Música - Índia I. Título. II. Série.

06-4130   CDD-780.954

Índices para catálogo sistemático:

1. Índia : Música clássica   780.954

2ª reimpressão da 1ª edição de 2006

Direitos reservados à
EDITORA PERSPECTIVA S.A.
Av. Brig. Luís Antônio, 3025
01401-000 – São Paulo – SP – Brasil
Telefax: (11) 3885-8388
www.editoraperspectiva.com.br
2011

Sumário

A Pandit Ravi Shankar
e Krishna Chakravarty

.

Penso sempre em Debussy e Ravel
que foram fascinados pelo Oriente.
Sabemos que o Oriente tem sido
parte integrante da música ocidental
que tem origem na Índia. Quando
retorno à Índia retorno ao sentido
universal primordial

YEHUDI MENUHIN

Apresentação

O que torna este livro saboroso é a facilidade com que Alberto Marsicano transita da informação histórica para a situação picaresca, anedótica, polifônica (como, entre outras, na passagem com Walter Smetak), sem, contudo, perder intensidade e pertinência. Quase num estilo conversacional, *A Música Clássica da Índia* se abre como uma flor de lótus ao leitor, que, curioso pela música e pela cultura da Índia, sacia-se com certa cerimônia ritual, sorvendo com uma mancheia a água de um rio límpido, sagrado.

Marsicano é uma personagem da nossa Paulicéia. Passeia a sua alva figura pela gris poluição paulistana, como quem flutua na ascensão de um Everest horizontal e tresloucado. Estudioso, compositor e, sobretudo, um praticante da cítara, instrumento para o qual vem ampliando horizontes ao arranjar músicas de universos tão diferentes como os de Erik Satie, Claude Debussy e Jimmi Hendrix; Marsicano encarna um hindu *eletricamente induzido* por ragas e talas que o conectam a essa tradição.

É uma felicidade ler este livro e perceber a elegância, o humor irônico e a clareza técnica com que passeia sobre temas formadores da música indiana, tornando sua leitura proveitosa para o leitor não iniciado, mas interessado, não músico; mas também para o músico que busca ampliar seus conhecimentos nessa tradição musical que é das mais *soffisticadas*.

Assim, *A Música Clássica da Índia* reconta das origens até os desdobramentos e transbordamentos da música indiana ao se relacionar com outras tradições e estilos como o rock e a música experimental ocidental.

O CD que acompanha o livro é uma trilha sonora prazeirosa para uma leitura que nos desperta uma inesperada serenidade. Sensação estranha, para quem conhece a eletricidade trifásica de Marsicano.

Para finalizar, me vem à mente o fato de quão raro é hoje em dia – nos tempos das especializações e dos tecnicismos – nos depararmos com uma leitura onde técnica e poesia são o avesso uma da outra.

LIVIO TRAGTENBERG

Introdução

Na Índia são raros os livros que versam sobre a música clássica indiana, pois esta milenar tradição é passada apenas oralmente de mestre para discípulo. Ainda hoje, os fundamentos básicos desta arte são vistos na Índia como secretos, e restritos apenas às *Gharanas* (linhagens de ensino musical). Muito do que se encontra neste volume, em termos de filosofia da música e seu caráter iniciático, foi registrado diretamente nas magistrais preleções de Pandit Ravi Shankar e Krishna Chakravarty da Universidade de Benares.

1.
A Milenar Arte da Música

Os clarões dilacerados da aurora reverberam sobre os templos de Benares, a cidade sagrada do Ganges. No profundo silêncio pontuado apenas pelos pássaros e mantras distantes, começo a dedilhar na cítara um Raga (seqüência melódica clássica) do amanhecer. Um Ghata, sacerdote do Ganges, acerca-se de mim com um antigo pergaminho em que as notas musicais grafadas no sânscrito aparecem em cores: Dó (Sa*), rubro da pétala de lótus; Ré (Ri), verde da pena do papagaio; Mi (Ga), dourado do sol; Fá (Ma), branco da flor do jasmim; Sol (Pa), negro da ágata; La (Dha), amarelo brilhante e Si (Ni), multicor. O termo Raga – seqüências melódicas que constituem a base da música clássica indiana –, provém do sânscrito *ranja* que significa cor. Existe na Índia o seguinte ditado milenar: *Ranjayati iti Ragah* que significa "Raga é aquilo que colore (o espírito)".

A História da Música Indiana

A música indiana é uma das mais antigas manifestações culturais conhecidas pela humanidade. O sânscrito foi criado provavelmente em 6000 a.C., e a sílaba sagrada "aum" já seria entoada nessa época. Os arianos incorporaram à sua tradição os temas folclóricos das tribos pré-arianas que remontam ao período neolítico. Os *Vedas*, livros sagrados escritos entre 1500 e 600 a.C., são até hoje cantados numa seqüência de três notas (Ré, Mi e Fá) que repetem-se como cantochão.

O Sama Veda refere-se diretamente à música e nele encontramos os fundamentos da arte vocal. Os cânticos do Sama Veda constituem a base da música clássica indiana. Entre os quatro *Vedas*, o Sama Veda é considerado o mais importante; Krishna diz no *Bhagavad Gita*: *Vedanam Samvedosmi* (Nos *Vedas* sou o Sama Veda).

Música é simultaneamente arte (*kala*) e ciência (*sastra*). Mas o primeiro tratado que conhecemos em que surgem referências às notas, escalas e ritmos

---

* Nota indiana.

é o *Nathyasastra*, compêndio escrito pelo sábio Bharata, provavelmente, entre os séculos IV a.C. e II d.C. Instrumentos musicais são também mencionados nos *Upanishades* (600 a.C.) e no *Mahabharata* (500 a.C. 200 d.C.).

Um único sistema regeu a música indiana até o século X. Esta sólida unidade seria abalada pelas invasões turcas, persas, afegãs e mongóis que começaram a assolar a Índia por volta do ano 900 d.c., provocando uma profunda reviravolta na região. A partir desta época, a música indiana cindiu-se em dois grandes sistemas: o carnático do sul e o hindustani do norte.

Os Sistemas Carnático e Hindustani

O carnático do sul mantém-se mais fiel às raízes védicas e à tradição dravídica da antiguidade, pois apenas o norte da Índia foi invadido pelos turcos (mogóis), afegãos, persas e mongóis. E até mesmo durante o colonialismo britânico (que jamais se empenhou em promover as artes indianas), nos séculos XIX e XX, o sul conseguiu conservar sua identidade cultural, pois os centros governamentais ingleses foram Déli e Calcutá. O norte da Índia é, em sua essência, uma prodigiosa síntese entre a tradição védica ancestral e a cultura proveniente dos invasores turcos (mogóis), afegãos, persas de Darío, gregos de Alexandre o Grande, mongóis de Gengis Khan, fenícios, chineses, portugueses, holandeses e, nos últimos séculos, franceses e ingleses. É importante notar que a Índia, milenarmente invadida, jamais invadiu ou pensou em invadir outros povos. O povo indiano sempre respeitou todas as religiões, e o hinduísmo nunca teve caráter expansionista.

A música carnática do sul permaneceu intocada, cuidadosamente cultivada e mantida de geração após geração nos templos, ao passo que a hindustani desenvolveu-se não apenas nos santuários como também no esplendor das cortes mogóis. A música carnática é mais sóbria e rígida enquanto a do norte é mais flexível, permitindo todo o tipo de improvisações. O sul conservou as 72 escalas básicas (*melas*) e os 35 ciclos rítmicos (*talams*). Alterações e inovações são vistas com desconfiança e chegam a ser julgadas pela Academia de Madras, um tribunal jurídico-musical. O músico carnático interpreta basicamente melodias pré-fixadas (*kritis*) enquanto o hindustani improvisa livremente em escalas milenares sem autor definido. A improvisação é a base da música hindustani; seu caráter improvisado e maleável incorpora todo o tipo de inovações e transcriações. Certos Ragas, como o Bhairav, contam mais de vinte formas distintas de interpretação. Cada Gharana (escola-linhagem musical) executa os Ragas à sua maneira, muitas vezes, acrescentando ou omitindo notas. O próprio nome do Raga também pode variar: Yaman, por exemplo, pode receber diferentes nomes como Iman, Yamuna etc. A tradição, embora milenar, é concebida de maneira aberta. Certos músicos como Tansen, no século XVI, a revolucionaram por completo, porém, estas alterações, embora profundas, em nada alteraram sua essência.

O músico hindustani improvisa livremente, de olhos fechados, num estado de concentração profunda (*Samadhi*), dispensando qualquer tipo de notação. Este livro tratará basicamente deste sistema. A Senia Beenkar Gharana, a qual pertenço (iniciei-me nela por meio de Ravi Shankar e Krishna Chakravarty), é hindustani e remonta ao lendário músico Tansen. É necessário frisar que foi este tipo de música que penetrou no Ocidente por meio de grandes mestres como Ravi Shankar (nascido em Benares) Vilayat Khan, Nikhil Banerjee, entre outros.

O Sul Encontra o Norte

Desde 1945, com as transmissões radiofônicas da All India Radio (AIR), o sul começou a ouvir o norte e vice-versa. Descobriu-se, então, que muitos Ragas eram os mesmos, embora tivessem nomes diferentes:

Hindustani	Carnático
Raga Kafi	Raga Karaharprya
Raga Ahir Bhairav	Raga Chakravakam
Raga Durga	Raga Sudh Saveri
Raga Bageshri	Raga Ranjani

Atualmente está ocorrendo um movimento de fusão em que Ragas do sul incorporam-se ao repertório de instrumentistas e vocalistas do norte e vice-versa. De certo modo, isto já vinha acontecendo de forma velada há séculos, pois, atraídos pelo esplendor das cortes mogóis, alguns músicos do sistema carnático haviam migrado para o norte. Em meio a todo tipo de cisões, invasões, diluições e colonialismos, a música clássica indiana singra os milênios, imperturbável como o Ganges.

Principais Codificadores da Música Indiana

Narada Muni (o Sábio)

Na época do *Mahabharata* (500 a.C.-200 d.C.), as primeiras tentativas de codificação musical começaram a ser efetuadas. Neste período, alguns brâmanes iniciaram um processo de reflexão sobre os fundamentos da música védica. Narada Muni foi o mais célebre deles, cuja cronologia exata ainda permanece misteriosa. Narada Muni teria sido o primeiro a receber o som cósmico da Música Celestial das Esferas. Segundo a mitologia, ele percorre os espaços celestiais vibrando sua vina.

Bharata (II a.C.-IV d.C.)

O tratado *Bharata Natya Shastra*, que tornar-se-ia a "Bíblia" da música e da dança indiana, foi escrito provavelmente entre os séculos II a.C. e IV d.C. Este sábio relegou-nos a descrição pioneira de algumas escalas, notas e *shrutis* – quartos de tom, intervalos mínimos de nota. Identifica também, neste compêndio, certas combinações melódicas que estariam vinculadas a fenômenos da natureza e períodos do dia, esboçando, desta maneira, a noção de Raga.

Narada (VII d.C.)

O tratado do sábio Narada foi elaborado provavelmente no século VII de nossa era. Num magnífico pergaminho grafado em forma poética, os shrutis foram codificados numa forma tão peculiar que ainda hoje causam polêmica. Aparece também o Raga definido como cor (Ranja). Neste os Ragas dividiam-se em três tipos principais: os azuis, os amarelos e os vermelhos.

Sarangdeva (1210-1247)

Num período conturbado em que os invasores assolavam o país, infundindo profundas modificações culturais, Sarangdeva escreve o compêndio *Sangit Ratnakara*. Setenta e duas escalas foram classificadas como as geratrizes dos Ragas. Neste período origina-se um movimento de afirmação dos valores culturais indianos, inspirado pelo culto Vaishnava (dedicado à Vishnu, divindade que preserva e mantém a tradição). Este movimento de resistência cultural ganhou força por toda Índia por meio de grandes nomes como Tulsidas, Surdas e Mira.

Amir Kushrau (nascido em 1254)

Amir Kushrau representa antes de tudo a perfeita síntese que se estabeleceu entre o hinduísmo e a cultura islâmica. Filho de pai de origem mogol nascido na Turquia e de mãe proveniente da aristocracia indiana, este eminente místico Sufi, músico, poeta, luthier e estadista, legou à humanidade um dos mais sublimes instrumentos: o sitar. Produto de uma sociedade multicultural, Kushru falava fluentemente tanto o hindi quanto o persa. Kushrau celebrizou-se como cantor, recebendo o título de *Shrutidar* (aquele que com a voz reproduz todo tipo de som}. Ao introduzir o *Quali,* a canção islâmica na música indiana, tornou-se o precurssor do estilo Kayal, de conteúdo romântico, considerado atualmente o mais popular na Índia.

Kushrau e o Duelo Vocal

Certa vez, o eminente vocalista Nataya Gopal desafiou-lhe a um duelo musical. Gopal sabia que seu oponente reproduzia com exatidão qualquer som, mas desconhecia por completo o sânscrito. Após a audição de Gopal interpretando em sânscrito clássico uma intrincada frase musical, Kushrau concentrou-se e a reproduziu eximiamente, utilizando sílabas que, embora sem sentido, conservavam a melodia e os padrões rítmicos do Raga. Desta maneira originou-se o estilo Tarana de canto clássico.

Tansen (1506-1589)

Tansen constitui-se na mais lendária figura da tradição musical indiana. Sua voz prodigiosa tinha o poder de acender velas e provocar o fogo ao entoar o Raga Dipak. Era um *Nad-Siddha*, ou seja, aquele que tem poder sobre o som. Sua fama alastrou-se do esplendor das cortes de Gwalior e Agra para todo o país. Seu nome provém dos termos sânscritos *taan* (frase musical) e *sen* (armada), que relegam a seu nome o significado de Conquistador do Som. Tansen legou-nos o livro *Ragamala* (Guirlanda de Ragas) que revela a essência da música hindustani.

Tansen e os Vândalos

Conta-se que quando muito jovem, Tansen fora contratado para guardar um parque que freqüentemente era assolado por arruaceiros. Numa madrugada, ao ver um suspeito grupo de vultos aproximando-se, imitou com tal perfeição o rugido do tigre, que os fez correr. Mas eles eram apenas os discípulos do mestre Haridas, que, ao saber do ocorrido, iniciou Tansen na arte da música.

As Folhas do Tamarindo

A estela de Tansen encontra-se na cidade de Gwalior, sob uma grande árvore do tamarindo. Tornou-se local de peregrinação, pois acredita-se que aquele que mastigar as folhas desta árvore, terá voz melodiosa.

Akbar (1566-1607)

Um renascimento cultural floresceu durante o período do imperador Akbar. Um fabuloso processo de síntese cultural entre o hinduísmo e o islamismo acabaria por gerar uma das mais sofisticadas manifestações artísticas conhecidas pela humanidade. Esta fusão cultural que nos relegaria a esplêndida arquitetura do Taj Mahal (erigido por seu neto Shah Jahan), aliaria o sofisticado sentido estético da poesia persa à milenar música védica.

Taj Mahal

Tu sabias, Sha Jahan, que a vida e a juventude,
a riqueza e a glória, todas elas se esvaem na corrente do tempo.
Que desapareça o esplendor do diamante, da pérola e do rubi
assim como o tremulante reflexo do arco-íris.
Que só essa lágrima, esse Taj Mahal brilhe de forma límpida,
na memória do tempo para sempre, eternamente.*

RABINDRANATH TAGORE

O espírito devocional do sufismo encontrou um sentimento idêntico na religião védica. Não podemos esquecer que os turcos das cortes mogóis trouxeram à Índia toda a riquíssima tradição cultural do Império Bizantino. Akbar promoveu as artes e inúmeros grandes músicos floresceram durante seu reinado. Por esta época, inicia-se o movimento Bhakti que pontificaria o ressurgimento das antigas tradições culturais indianas, que estavam sendo esquecidas. As composições de Guru Nanak, inspiradas por um profundo sentido devocional, marcariam este movimento.

Tagore (1861-1941)

No século XIX e início do XX, uma região da Índia notabilizou-se como o grande pólo de florescimento cultural. Bengala reuniu, então, uma quantidade extraordinária de poetas, escritores, músicos, pintores, cientistas e místicos. Ramakrishna e seu discípulo Vivekananda propiciaram, neste momento, o húmus para a criação de uma forma revolucionária de expressão artística. No olho deste furacão estava Rabindranath Tagore. Este magistral escritor, músico, pintor

---

*. Todas as traduções de *A Música Clássica da Índia* são do autor.

e poeta, sistematizou a música indiana de forma original, criando novos Ragas, a partir do folclore bengali. A dimensão profunda de seu pensamento pode ser vislumbrada nestas palavras:

Para nós, povo da Índia
a música tem um significado transcendente:
Celebra a afinidade entre a alma e as coisas do além.
O mundo durante o dia é como a música ocidental,
uma harmonia vasta e fluente de concórdia e discórdia.
O mundo da noite é o nosso mundo,
o mundo da música indiana,
um Raga puro e profundo.
Além da alegria e da tristeza,
Canta a região da renúncia,
atingindo as raízes do Universo.

RABINDRANATH TAGORE

2.
Gandharva, A Música das Esferas

Que rio é esse por onde corre o Ganges?

JORGE LUÍS BORGES

Segundo a mitologia indiana, a música foi criada por Brahma. Shiva aprendeu-a de Brahma e a ensinou à deusa do conhecimento Sarasvati, que por sua vez a transmitiu a Narada, aos Kinnaras e Gandharvas (Arcanjos do Som). Música, religião, ciência e filosofia são conceitos inseparáveis desde os primórdios desta civilização. Segundo os *Vedas*, a criação do Universo deu-se por meio do som, primeira manifestação do Absoluto. O Cosmo é concebido como vibração sonora, que em gigantescos ciclos de milhões de anos expande-se e contrai-se em Brahma. Grandes intervalos de som e silêncio constituem seu eterno movimento. O som torna-se a base compreensível de toda criação. Os deuses indianos mais importantes são músicos: Sarasvati toca a vina; Krishna é flautista, e pelos sete furos deste instrumento, nossos chakras (centros energéticos) são despertos; Shiva, na forma Vinadara (tocador de vina), dedilha as sete cordas do Universo em sua rudra vina. Como Nataraja, ele dança, e seus movimentos circulares simbolizam as órbitas dos planetas, o fabuloso ciclo temporal dos Kalpas e o pulso coreográfico da energia cósmica.

Sarasvati

Mas neste panteão religioso, uma divindade se destaca por sua profunda relação com a música: é Sarasvati, deusa do conhecimento e da música. Desde as mais antigas esculturas é representada dedilhando a vina. A filosofia vedanta afirma que o primeiro aspecto do Criador, fonte de cujo seio toda a criação emanou, foi o som. Sarasvati é a consorte de Brahma, pois a Criação do Universo deu-se por meio do som. Sarasvati representa a relação intrínseca que se estabelece entre música e conhecimento. Um não pode existir sem o outro. A noção de música e ritmo permeia todos os aspectos do conhecimento; está presente tanto na órbita circular dos planetas como nas ondas cerebrais, na progressão celular e no ciclo das reencarnações (*Samsara*). O nome Sarasvati provém dos termos sânscritos *Saras* cuja raiz Sr significa fluir e *Vat* (palavra) vocábulo que origina no português *Vate*, o poeta-profeta.

Ó deusa Sarasvati
Ó deusa Sarasvati, mãe, abençoa-me
Agracia-me pois nada sei
Ó divindade que toca a vina
Clareia com sua luz minha mente
Ó deusa Sarasvati[1]

Na antiguidade, os Rishis, homens santos que nas altas montanhas do Himalaia, imantados de poder, dedicavam suas vidas à sabedoria, legaram-nos a seguinte formulação: *Nada Brahmam* (O Som é Deus). Brahma é incompreensível ao homem em sua forma transcendente, mas seu som torna-se seu *aproach* mais próximo, mais perceptível. O termo sânscrito para som é *nada*, composto pelas sílabas "na" associada à Shakti, forma feminina da energia, e "da", associada ao fogo e à Shiva. Esta dupla polaridade (energia feminina de Shakti e fogo de Shiva) refere-se também à dupla espiral do Kundalini, revelando o caráter tântrico da arte musical. O sânscrito é uma língua tão fascinante que muitos de seus vocábulos podem ser lidos ao contrário, revelando seu significado mais profundo. As seqüências melódicas sagradas são denominadas no sânscrito *Ragas*, termo que tem como reverso especular *Sagar*, o oceano. O mesmo ocorre com *Div* (resplendor e divindade), cujo seu contrário é *Vid*, raiz de *Veda* (conhecer) e *Vidya* (sabedoria). O termo sânscrito *Nada* (som) possui a mesma raiz que o vocábulo *Nadi* (rio, correnteza) que denomina as correntes de energia etérea que interligam os chakras. Existe uma profunda relação entre os 22 shrutis (intervalos mínimos de nota) que dividem a oitava e os 22 nadis do corpo humano.

Anahata Nad e Ahata Nad

A música indiana distingue dois tipos de som: o primeiro é o *Anahata Nad*, o som metafísico que vibra na imensidão do éter (*akasha* – o quinto elemento, forma intermediária entre energia e matéria). Esta é a Gandharva, a Música das Esferas descrita por Pitágoras. O outro tipo de som é o *Ahata Nad*, som físico produzido pela vibração das moléculas de ar. O *Anahata Nad*, o som não percutido, não é distinguido pelos ouvidos, mas pelo chakra *Anahata*, localizado à altura

---

1. Canto mântrico. Devi Sarasvati / Devi Sarasvati, mata Varade / Hama to muraka kripa karade/ Vina Dharini, he Sharade / Gyana ke aloka maname bharade / Devi Sarasvati

do coração. A música física não é senão mera reprodução do som metafísico que ecoa eternamente nos planos celestiais, e aparece ao iniciado cristalino como o mundo das idéias de Platão. Este grande filósofo grego concebia o mundo material como mera reprodução imperfeita do mundo metafísico.

Existe uma luz não física como também um som não físico. O caminho do iniciado consiste em receber estes *paterns*, configurações sagradas (como o *Eidos* platônico) e tentar reproduzi-las no plano físico. A vibração no éter transmuta-se, então, em pulsação no ar. Os Ragas são como "estações de rádio" transmitindo continuamente dos planos celestiais a sublime música das esferas. Certos mestres afinam seus instrumentos com esta sonoridade cósmica, captada por meio do chakra cardíaco (*Anahata*), engendrando um insólito contraponto entre o *Anahata Nad* e o *Ahata Nad*. Sabem que esta música ecoará nos planos superiores e operará prodígios na matéria. A lenda de Tansen e o imperador Akbar ilustram este fenômeno.

Tansen e o Imperador Akbar

Certo dia, o Imperador Akbar perguntou a Tansen, o célebre músico de sua corte:

– Dize-me Tansen, quem foi teu mestre?

– Majestade, meu mestre possui imenso renome e mais do que isso, chamam-lhe de "A Música em Si!"

E o Imperador retrucou:

– Como poderei ouvi-lo?

– Poderia tentar, mas não existe possibilidade nenhuma em aqui trazê-lo.

– Mas se formos até ele, indagou o Imperador.

– Creio que isto seja inteiramente possível, disse Tansen.

Partiram os dois rumo às altas montanhas do Himalaia, onde este sábio possuía um templo musical numa caverna, vivendo em sintonia com o Infinito.

Quando chegaram, o mestre alegrou-se em vê-los e, inspirado, começou a cantar.

Seu canto foi grande; verdadeiro fenômeno transcendente. Era como se todos os pinheiros do bosque vibrassem à sinuosa melodia. Akbar ficou muito impressionado; Era mais que poderia suportar. Mergulharam ambos num estado de suspensão, num transe (Samadhi) profundo de paz e tranqüilidade. Enquanto permaneciam neste estado, o sábio deixou a caverna. Quando abriram os olhos, ele lá não mais estava.

– Que estranho fenômeno! exclamou o Imperador. Mas, para onde foi o mestre?

– Jamais o vereis nesta caverna novamente, pois uma vez apenas que um homem provar desta sublime melodia, ela a perseguirá para sempre.

De volta ao palácio, o Imperador, intrigado, perguntou ao músico:

– Conhece a Raga que teu mestre cantou?

Respondendo afirmativamente, Tansen a interpretou.

O Imperador, insatisfeito, intrigado retrucou:

– Sim, é a mesma melodia, mas o efeito é completamente diferente; por quê?

– É que canto diante de meu Imperador e meu mestre canta diante de Deus!

Gandharva

A Gandharva, música celestial, foi, segundo a mitologia, revelada ao homem por Brahma, Shiva e Sarasvati. Certos instrumentos clássicos como a Vina são considerados réplicas de instrumentos celestiais. A Gandharva é tocada por uma corrente de músicos espirituais; os Devas, os Gandharvas e os Kinnaras entoam esta sublime sinfonia cósmica que, vibrando no éter, reverbera no plano físico.

Poder Mágico do Raga

Os sábios da antiguidade legaram-nos seqüências sagradas de notas que, se entoadas de forma correta, podem operar fenômenos no mundo material. Certos Ragas são imantados por poderes mágicos, pois reverberam na estrutura intrínseca dos elementos. Sabe-se que o Raga Tilak, associado ao fogo, acende velas, e que o Raga Megh (nuvem no sânscrito), associado às monções, provoca a chuva. Existe uma lenda que bem ilustra este fenômeno:

A Lenda de Tansen

Tansen foi um músico tão prodigioso que seu nome tornou-se sinônimo de encantamento e inspiração através da música. Aqueles que tiveram o privilégio de escutá-lo foram unânimes em afirmar que suas performances eram verdadeiros encontros com Sarasvati, a deusa da música.

Conta-se que Tansen era o músico favorito do Imperador Akbar, o que provocava grande inveja aos demais músicos da corte. Um dos motivos desta preferência era a exímia capacidade de Tansen em provocar verdadeiros milagres quando cantava: fazia botões florescerem e tornava o céu escuro em pleno meio-dia.

Os invejosos rivais, certa vez, persuadiram Akbar a pedir que Tansen cantasse o Raga Dipak. Sabia-se que Tansen, quando executava essa peça, não apenas acendia velas como provocava uma forte onda de calor que chegava até a queimar suas vestes. Este Raga é até hoje omitido em certos livros e no século XVII foi proibido por ser considerado perigoso. Como Akbar estava irredutível na execução, Tansen treinou sua filha Sarasvati e sua amiga Rupvati no Raga Megh, peça clássica associada às monções.

Chegada a hora do recital, quando Tansen, ao cantar o Raga Dipak, gerava uma forte onda de calor que quase fazia desmaiar Akbar, as duas meninas começaram a entoar o Raga Megh. O céu repentinamente escureceu e uma forte chuva precipitou-se, amainando a alta temperatura ambiente.

O Raga Dipak e o Fogo

Desde tempos remotos, sabe-se que o Raga Dipak detém poderes mágicos associados ao fogo. Os músicos mais ortodoxos raramente (até hoje) o entoam e negam-se a dar informações sobre suas particularidades, escalas e formas de interpretação. Por ser considerado perigoso, muitos até evitam citar-lhe o nome. Acredita-se que sua execução pode acender velas e até provocar o fogo (o lendário Niccolo Paganini com o trinado sibilante de seu violino costumava acender velas ao entoar certas escalas secretas que aprendera com ciganos).

O Raga Dipak foi radicalmente proibido em todo território indiano nos séculos XVII e XVIII. Sua conexão com este elemento é tão intensa que lhe valeu a má reputação de provocar incêndios. Sacerdotes dos templos milenares, donos de teatros e conservatórios musicais, geralmente negam sua execução em seus estabelecimentos. Costuma ser interpretado à noite, ocasião em que velas e lanternas acabam por propiciar a ocorrência de tal tipo de fenômeno. É descrita no milenar tratado *Ragasagara*: "Dipak dança com suas brilhantes vestes vermelhas. Um colar de pérolas envolve-lhe o pescoço. Monta um imponente elefante acompanhado por inúmeras donzelas".

A Iniciação Musical

Certa vez dedilhava em meu sitar o solene Raga Bhairavi do amanhecer num Ghat de Benares. O enorme círculo laranja do sol reverberava sobre os reflexos dourados do sol que se irradiavam pelas águas sagradas do Ganges. Quando abri os olhos, deparei-me com um brahmim sentado em lótus a meu lado que me perguntou:

– Há quanto tempo tocas este instrumento? Sabendo que estes sacerdotes não gostam de respostas banais, respondi-lhe:

– A cinco encarnações...

Ele então impassível retrucou:

– Então estás começando agora!

Para atingir a maestria na arte da música são necessários, no mínimo, trinta anos. Alguns chegam a afirmar que uma vida não é o bastante. Certos instrumentos como a Vina e o Sitar, segundo os cânones musicais indianos, não pertencem ao homem, mas a Sarasvati, a deusa do conhecimento. Sarasvati os empresta para que por meio deles o iniciado possa captar e irradiar a corrente energética *(Prana)*. Para se iniciar na arte, o neófito deve primeiramente ser aceito pelo mestre, o que não é fácil.

A Devoção Musical de Allauddin Khan

Conta-se que Allauddin Khan, mestre de Ravi Shankar, após casar-se, decidiu abandonar tudo para dedicar-se exclusivamente à música. Partiu sozinho a uma distante cidade ao encontro do renomado músico Wazir Khan. Este, porém, não lhe dava a mínima, praticamente negando qualquer ensinamento.

Certo dia, o mestre, por descuido, abriu um telegrama endereçado a Allauddin: ficou perplexo, pois nele estava escrito que a esposa do humilde rapaz tentara o suicídio. Wazir Khan, que nem sabia que o jovem era recém-casado e até abandonara a mulher pelo conhecimento musical, em pranto o abraçou, aceitando-o finalmente como discípulo.

O Gandá

A iniciação musical é denominada Gandá. Este termo significa, no sânscrito, *Fio* que representa tanto a linha alaranjada que o neófito recebe no pulso direito, como o vínculo que o unirá a Gharana e a Gandharva (egrégora espiritual de músicos celestiais). O ritual do Gandá pontifica a aceitação do discípulo pelo mestre, relação que irá se fortalecer ou se romper, dependendo do desempenho do neófito. Esta relação é, na Índia, muito forte, pois mantém-se durante a vida toda. Ao contrário do Ocidente, é comum os mestres musicais indianos aconselharem continuamente os discípulos quanto à sua vida pessoal e até amorosa.

Como a música clássica hindustani não é escrita e o músico jamais sobe ao palco munido de uma partitura, o aprendizado dos Ragas é muito demorado: frente a frente, anos a fio, o mestre toca e o discípulo reproduz frase por frase, até que um dia mergulhe no oceano sagrado dos Ragas. E isto vem acontecendo há milênios. Por meio dessa transmissão do conhecimento, todas as sutilezas do mestre são captadas e a milenar tradição mantém-se inalterada.

No alto, à direita, preleção de Ravi Shankar,
quando recebíamos a eminente visita de
Yehudi Menuhin.

No alto, à esquerda, o Palácio dos Ventos, em
Jaipur.

Ao lado, Cerimônia Iniciática do Gandá.
Três gerações de músicos unidas pelo fio
alaranjado.

A Flauta de Sândalo

Certa vez perguntaram a Haridas:
– Queremos iniciar-nos na música sagrada.
Ele então respondeu:
– Procurai a ponte de nácar e ao atravessá-la;
Encontrareis a flauta de sândalo!

As Gharanas

As escolas-linhagens musicais são chamadas Gharanas e remontam centenas de anos, como é o caso da Binkar, originada por uma das filhas de Tansen. Esta Gharana permanece até nossos dias, mantendo cuidadosamente a solene tradição dos Ragas, tal como os concebia o mestre do século XVI. Iniciei-me nesta renomada Gharana por meio de Ravi Shankar e Krishna Chakravarty. Um especialista poderá facilmente reconhecer de qual Gharana provém um artista até pela maneira como empunha o instrumento.

Aceitação do Discípulo pelo Mestre

Ser aceito como discípulo por um grande mestre na arte musical é extremamente difícil. Tradicionalmente, apenas filhos ou parentes próximos do músico têm o privilégio de serem iniciados. A arte da música clássica tem forte caráter iniciático e esotérico, e sua prática foi sempre restrita a fechadíssimas confrarias. E isto não ocorre por mero espírito elitista ou tendência de restringir o conhecimento a poucas pessoas: o raga indiano evoca as divindades de maneira análoga aos cânticos xamânicos e voduístas. Certos Ragas como o Shivranjani (Resplendor Cromático de Shiva), o Sarasvati, o Durga, o Yaman Kalyan, entre outros, possuem configurações sagradas específicas que imantam a manifestação das respectivas deidades. Não se brinca com o Raga; os instrumentistas e cantores são longamente preparados para estas práticas evocatórias. A música clássica da Índia opera num nível vibracional altíssimo e deve ser entoada de forma correta, pois, do contrário, provocará doença e até a morte.

Após a Segunda Guerra Mundial criou-se a AIR, estação radiofônica que visa difundir, abrir e democratizar a cultura clássica indiana. Desde sua fundação, qualquer pessoa possuidora de um aparelho de rádio, tornou-se capaz de apreciar a música erudita. Com a indústria cinematográfica e a implantação da televisão em 1966, este processo vem intensificando-se cada vez mais. Os mestres estão progressivamente abrindo o milenar conhecimento a todos (inclusive a ocidentais), sendo mais condescendentes na escolha de discípulos, mas continuam a manter o mesmo rigor quanto à intenção do neófito em aprofundar-se no conhecimento musical por meio de um comportamento sério e determinado. Embora seja difícil tornar-se discípulo de um renomado mestre, é facílimo perdê-lo, bastando para isso um mínimo deslize.

Omrao Khan e o Surbahar

O Surbahar.

Conta-se que certa vez, o eminente citarista Omrao Khan (avô de Vilayat Khan, um dos maiores expoentes do sitar) recebeu, no fim do século XIX, em sua casa, o jovem Gulam Mohamed que lhe rogou que o aceitasse como discípulo. Omrao Khan desculpou-se alegando que não poderia aceitá-lo, pois segundo os cânones da época, apenas filhos, parentes ou nobres teriam esse direito. Mas o jovem, inconformado, prostrou-se à sua porta e imóvel em lótus ali permaneceu por várias semanas em greve de fome. O mestre, para resolver a incômoda situação, teve de inventar um novo instrumento, o Surbahar, que por não ter vínculo com a tradição anterior, poderia ser ensinado a quem bem quisesse. O Surbahar, um sitar de cordas grossas e de sonoridade profunda e grave, popularizou-se desde então por todo norte da Índia.

O Prof. Ram das Chakravarty

Estava tendo a primeira aula com o rigoroso prof. Ram Das Chakravarty da Universidade de Benares. Quando tocávamos o Alap do Raga Yaman, senti que ele testava-me. Lentamente, ele executou um meend, puxando a corda de seu sitar para baixo, percorrendo todos os matizes dos shrutis até alcançar uma nota três tons abaixo. Pediu-me que fizesse o mesmo: puxei a corda e ao atingir aquela nota com precisão, fui contemplado com uma expressiva ressonância das cordas simpáticas. O prof. Ram, sorrindo exclamou:

– Você já penetrou no palácio!

A Universidade de Benares

Fundada há mais de cinco mil anos, Benares (Varanasi ou Banaras) é provavelmente a cidade mais antiga do mundo. Segundo a mitologia, teria sido criada por Vishnu para tornar-se um local de oração para os sete Rishis (Sábios). A divindade criou um *lingam* (falo de pedra) de cujo centro partiam raios de dezesseis quilômetros que formavam uma grande circunferência, uma verdadeira

Mandala. Foi criada para ser um chakra terrestre, um lugar de purificação para os homens, um portal de saída da Terra.

As primeiras referências escritas de Benares datam de 2000 a. C. e demonstram que ela já existia antes da chegada dos arianos. Foi numa de suas praças que Buda proferiu seu primeiro sermão sobre o *Dharma* (Lei Cósmica). Quando atingem idade avançada, é comum os indianos renunciarem a todos os bens materiais e, trajando a veste dos Sadhus (um despojado traje ocre), rumam à cidade sagrada. Existe também a crença de que quem morre em Benares liberta-se do Samsara (ciclo de reencarnações).

Nesta cidade existe também um número mais elevado de brâmanes que em qualquer outra parte da Índia, e a erudição destes homens tornou-a famosa por suas universidades. A Biblioteca da Universidade Sampurnanand guarda o maior acervo de livros escritos em sânscrito do mundo, e sua seção de pergaminhos raros conta aproximadamente 150 mil exemplares. Ao longo de sua história, Benares enriqueceu a cultura da humanidade com os mais ilustres pensadores como Patanjali, que neste lugar escreveu seu famoso tratado sobre os Ásanas. Por meio da estreita rua Assi, chega-se aos imponentes portais da Universidade de Benares (B.U.). Em seu departamento de música, Pandit Ravi Shankar fundou o Rimpa (Research Institute for Music and the Performing Arts), cujo projeto consiste em formar um núcleo experimental de estudos avançados de arte indiana. Importantes e famosos mundialmente são também seus departamentos de medicina ayurvédica e sânscrito.

Amanhecer no Ganges

Nos Ghats (escadarias de pedra) que imergem no Ganges, o dia inicia-se na terceira parte da noite, quando em meio ao silêncio solene e profundo, entremeado pelos mantras provindos de templos distantes, os Ghatas (sacerdotes) sentam-se em lótus, imóveis, sob os grandes guarda-sóis de palha. É difícil descrever o nascer do sol no Ganges. Em meio a todos os matizes de laranja e rosa, a imensa e purpúrea circunferência surge sobre o brilho dourado que se espalha sobre as águas sagradas.

A Volta de Allauddin Khan

É lendária, na Índia, a devoção dos discípulos pelo Guru. Estes grandes iniciados, detentores de poderes mágicos, são capazes de realizar verdadeiros prodígios:

O Sufi Allauddin Khan, mestre de Ravi Shankar, partira em viagem para a Montanha dos Leões no Rajastão e há muito não se tinha notícia dele. Certo dia, um de seus discípulos correu até a casa de Ravi Shankar, e gritou:

– Baba (nome carinhoso dado ao mestre) voltou! Baba voltou!

O discípulo, então, contou-lhe a curiosa estória; Baba não havia retornado com seu corpo, mas na forma de um papagaio!

Ravi Shankar pensou naquele momento que a devoção ao Guru havia passado dos limites, mas o discípulo narrou-lhe, então, os detalhes do ocorrido:

O papagaio pousara na cadeira do Guru, que em seu respeito ficava sempre vazia. Tentaram enxotá-lo de todas as formas e até ofereceram-lhe comida, mas ele de lá não saía em hipótese alguma. Quando a empregada passou com uma xícara de chá, o papagaio voou e sorveu alguns goles da bebida preferida de Baba. Na mesma noite, num sonho, o papagaio apareceu para a criada dizendo:

– Que está havendo? Eu sou Baba! Não me reconhece?

E ainda advertiu-a que voltaria e ali permaneceria por três dias.

Realmente, sua promessa cumprira-se e Ravi Shankar, ao ver o papagaio solenemente pousado na cadeira do mestre, sorvendo goles de chá, prostrou-se a ele, saudando-o com um respeitoso *pranam*.

Iniciação Musical no Himalaia

No mosteiro Menri, situado a 4.500m de altura nas altas montanhas do Himachal Pradesh (Himalaia Indiano), o neófito, ao iniciar-se na arte musical, recebe sete pequenos sinos numerados por dentro. O primeiro deles está afinado em Dó e o sétimo em Ré. Os cinco restantes são afinados nos cinco intervalos entre estas duas notas. É necessário lembrar que no Ocidente distinguimos apenas uma divisão: o Dó sustenido ou Ré bemol. O iniciante deve, então, colocá-los em ordem para pontificar sua perfeita acuidade auditiva.

O Som Interior

Na Índia existem práticas milenares de meditação sonora como tampar os ouvidos com os polegares para escutar o som interior ou tentar distinguir a sonoridade de um sino bem após sua vibração ter cessado. O termo *Nada* em sânscrito significa tanto som como ressonância interior. A meditação por meio do mantra consiste num processo iniciático gradual, em que o neófito acaba por imergir na vibração primordial do Nada Brahmam. O silêncio interior, este estado de paz profunda e serenidade (Shanta), é conquistado mediante intensa prática de meditação. Costuma-se dizer que os grandes músicos como Ravi Shankar, Jasha Heifetz, Pablo Casals, Yehudi Menuhin entre outros, tocam imperturbáveis com o silêncio interior.

A Maestria Prânico-Sonora

O estudo de anos a fio não visa apenas o aprimoramento musical, mas principalmente a capacidade de emissão da corrente de energia vital (*Prana*). O fundamento da música indiana é a emanação da energia etérica. Um recital de música clássica centra-se no entrelace das energias estabelecidas entre o músico e a audiência. Os grandes talentos são admirados principalmente por sua capacidade de espargir esta energia etérica. Inayat Khan, eminente tocador de Vina do início do século, costumava subir ao palco, concentrar-se e entoar apenas uma nota. Neste singelo e cristálido som, sintonizava toda a audiência que dali saía, exclamando: "Foi o melhor recital de minha vida!"

Este grande mestre, ao contar com avançada idade, abandonou seu instrumento e passou a dedicar-se à filosofia da música. São dele estas solenes e impressionantes palavras:

Abandonei minha música, pois, por meio dela, já havia recebido tudo que tinha a receber. Praticando esta arte, atingi a Gandharva, a música celestial das esferas. Aí então, cada alma para mim transformou-se numa nota musical e a vida em música. Inspirado por ela falo aos homens e os que se sentem atraídos por minhas palavras, ouvem-nas como ouviam minha Vina. Se faço alguma coisa agora é afinar almas ao invés de notas. Se existe algo em minha filosofia é a lei da harmonia que ensina a harmonizar-nos conosco e com os outros. Descobri em cada pensamento uma melodia e uma harmonia em cada sentimento. Tentei interpretar isso com palavras claras e simples para aqueles que costumavam ouvir minha música. Toquei Vina até que meu coração se transformasse nesse instrumento!

3.
Raga, Aquilo que Colore

Notas indeterminadamente determinadas

JOHN CAGE

Os músicos indianos vêm, há mais de seis mil anos, mapeando o Universo Sonoro. Estas seqüências melódicas clássicas são classificadas em dez geratrizes que compõe 64 escalas básicas que se subdividem numa análise combinatória em milhares de possibilidades. O sistema dos Ragas, embora date de tempos imemoriais, ainda está aberto a novas seqüências sonoras. Como o milenar Ganges, suas correntes renovam-se a cada dia, apresentando, continuamente, inusitadas configurações. O Raga consiste num número fixo e imutável de notas, agrupadas numa escala ascendente e outra descendente (que podem coincidir). O número de notas varia, podendo ter, no mínimo cinco, e, no máximo sete. Existem Ragas principais que dão origem às outras, denominadas Ragnis (rainhas).

O termo Raga provém do sânscrito *Ranja* que significa cor. Cada Raga tem uma coloração específica, como também um cenário mítico. Estes relatos mitológicos em que os deuses e os semi-deuses associados aos Ragas são minuciosamente descritos em suas vestes, ornamentos e moradas, encontram-se em compêndios milenares como o *Ragasagara* (Oceano de Ragas). O músico, ao interpretar um Raga, deve concentrar-se nestes cenários imagéticos como, por exemplo, o do sublime Raga Bhairav da manhã: "o Oceano de notas e shrutis, em todos os seus matizes cromáticos, expressam a adoração a Shiva. Seu corpo ornado pelas auriflamas refulge à luz do sol da manhã". Segundo o *Ragasagara*, o Raga Asavari é descrito como: "A Rainha Asavari, à procura de seu amado, o deus Kadeva, encontra-o no cimo de uma montanha, ornado de pérolas e penas de pavão sob a suave fragrância da árvore do sândalo". Estes relatos inspiram, há séculos, os músicos na interpretação das peças clássicas. Um citarista, ao tocar o Raga Jaunpuri, deve imaginar: "Uma flor de lótus deslizando suavemente nas tranqüilas águas do lago de um templo, em meio aos reflexos dourados do sol da manhã".

Raga, o Improviso da Alma

Os Ragas não podem ser escritos. É uma música de alma. O intérprete, em estado de *Samadhi* (concentração profunda) e de olhos cerrados, torna-se incapaz de ler qualquer partitura, senão aquela de sua imaginação. Improvisa livremente nas escalas ascendentes e descendentes. O Raga não é escrito e existe apenas virtualmente, constituindo-se apenas de uma seqüência de notas e um espírito peculiar. O intérprete deverá infundir vida a estas escalas, imbuído de grande inspiração e criatividade. O Ocidente já possuiu (e agora retoma com a música contemporânea) uma tradição musical clássica centrada no improviso: os barrocos eram exímios improvisadores, totalmente imersos no caráter lúdico deste estilo. O grande compositor J. S. Bach era mais apreciado por seus improvisos que por sua obra escrita. Christian Bach relata-nos que seu pai improvisava durante horas nos gigantescos órgãos de tubo das catedrais, de olhos fechados e literalmente "babando"! Gostaria de saber, após o depoimento de Christian Bach, onde fica a teoria que deve interpretar-se os barrocos de maneira fria e "matemática".

A Estrutura do Raga

No Raga, o centro tonal (tônica) é denominado Amsa. Mas o que realmente caracteriza o Raga é sua nota mais importante (dominante) chamada Vadi, *a nota que fala* e a Samvadi (sub-dominante). Cada Raga é um verdadeiro sistema solar de notas rodopiando ao redor do centro tonal, com planetas maiores, menores e satélites. Podemos encontrar vários Ragas com as mesmas escalas, mas seus Vadis e Samvadis serão sempre diferentes. O Raga é um ser determinado, um ser que quanto mais conhecemos mais se torna íntimo.

A estrutura dos Ragas não apenas incorpora o conceito de consonância como também o de dissonância. Embora os Ragas tenham seqüências sonoras ascendentes e descendentes muito precisas, o intérprete tem total liberdade de utilizar notas fora destas escalas para obter efeitos especiais. Como a *Blue Note* no jazz, esta nota dissonante chamada *Vivadi* é tocada com muito cuidado, apenas em certos momentos, para quebrar a linearidade. O Universo é simultaneamente consonância e dissonância.

O Semblante de Sarasvati

Algo muito importante para a perfeita execução de um Raga é a expressão facial de seu intérprete. O público, geralmente, é profundamente tocado pelo semblante do músico, que revela o estado de sua alma. Na Índia, cada minucioso movimento de dedo ou olho é estudado. São milenarmente codificadas 30 posições de cabeça, 36 de olhar e 37 de gestos manuais. Se o artista abre um sorriso, o público com ele ri; se chora, o público com ele sofre. A postura do artista no palco pode determinar o êxito ou o fracasso de sua performance. O filósofo alemão Eugen Herrigel conta-nos, em seu antológico *Zen e a Arte do Arco e Flecha*, a interessante história de um mestre Zen que sabia se um arqueiro acertaria ou não o alvo apenas por sua postura ao retirar as flechas do estojo. No Oriente, essas etapas anteriores são encaradas com importância igual ou maior às principais. Um mestre japonês de Sumiê (pintura nanquim) concentra-se durante horas para preparar a tinta, enquanto a pintura geralmente é feita em segundos. Um citarista indiano sintoniza-se com o Raga durante a afinação do instrumento e ao acender os incensos.

Lembro-me de certos recitais de música clássica na Índia, em que após serem anunciados, os músicos entravam em cena com a coluna ereta e o semblante iluminado (tal qual os dançarinos de flamenco andaluz), apresentando um porte extremamente nobre, envoltos por uma aura de profundo sortilégio, tomados por uma força dionisíaca e misteriosa. Para se interpretar um Raga, a orientação dos grandes mestres é que o vocalista ou o instrumentista incorpore o semblante tranqüilo e o olhar sereno da deusa Sarasvati da música.

O Prof. Ram das Chakravarty e o Raga

Certa vez perguntei ao Prof. Ram das Chakravarty, um dos maiores especialistas em música clássica indiana do mundo, professor de sitar da Universidade de Benares, qual seriam as escalas do Raga Bhairavi:

– Todas as notas! Respondeu-me.

– Mas como assim Professor, todas as notas?

– O sol da manhã exibe todas as cores e no Raga Bhairavi tocamos todas as notas!

Raga e Composição

Embora os Ragas sejam totalmente improvisados, existem dois temas fixos chamados Asthai e Antara. Muitos são oferecidos pela tradição, embora nada impeça o executante de criá-los. Alguns deles são muito conhecidos há milênios. Além do Asthai e Antara, uma pequena composição denominada Gat pode também ser incluída como Coda. O citarista Nikhil Banerjee (discípulo de Allauddin Khan), conhecido como *O Sinfonista do Sitar*, memorizava quinze minutos de suas próprias composições e inseria-as nos Ragas. Este procedimento não é considerado clássico, mas Banerjee notabilizou-se pela quebra dos cânones e tabus: certa vez, num recital transmitido pela AIR, após executar o Alap (primeira parte do Raga) ele simplesmente retirou-se. Segundo a tradição, as três partes do Raga – Alap, Jor e Jhala – são consideradas inseparáveis.

O Raga e o Kundalini

O Raga consiste na representação sonora do kundalini; daí advém sua força vibracional e seu caráter iniciático. A escala ascendente associa-se ao *ida* (corrente positiva que percorre a espinha dorsal), a descendente ao *píngala,* e o som contínuo da tônica ao *sushumna* (nadi central, o Bramananda, bastão de Brahma). O *ida* é associado também ao sustenido (tivra), o *píngala* ao bemol (komal) e o *sushumna* à nota tônica central (Sa). Desde a antiguidade, os mestres afirmam que os Ragas, se entoados de forma correta, operam efeitos mágicos: o Raga Dipak acende velas e provoca forte calor, o Megh faz chover e o Kedar estilhaça pedras. Sabe-se que o ritmo sincopado de soldados marchando pode desabar uma ponte se este ressoar de forma precisa na estrutura do concreto. Lembremo-nos da passagem bíblica das *Muralhas de Jericó* que tombaram ao som das trombetas. Observei certa vez em Benares, durante um *puja* (Oferenda), pedaços de coco, espalhados sobre uma toalha, partirem-se repentinamente sob à entoação de um Raga. E casca de coco não é taça de cristal... (o mais estranho é que o pessoal ali presente nem estranhou o fenômeno, julgando-o corriqueiro).

Tansen e os Prisioneiros

Conta-se que Tansen foi certa vez contratado por prisioneiros, para que lhes ensinasse o Raga Kedar que estilhaça as pedras. Após meses de intensivo treinamento, como nenhuma das pedras da muralha da prisão rompia-se, o músico começou a ser ameaçado pelos detentos. Mas Tansen saiu-se bem, alegando que eles não estariam entoando corretamente o Raga.

Estes efeitos prodigiosos apenas ocorrem quando os Ragas são entoados de forma tão precisa que reverberam na estrutura intrínseca do elemento. Os sábios da Antiguidade relacionaram cada matiz de luz do dia a um timbre sonoro correspondente. Cada Raga possui um preciso período do dia para ser interpretado. A luminosidade e a coloração do céu determinam suas seqüências melódicas. O pitoresco mito do Pássaro Musikar ilustra bem esta relação:

Pássaro Musikar

Havia em tempos remotos um pássaro chamado Musikar, que tinha sete furinhos em seu bico, que permitiam as mais variadas combinações sonoras, que ocorriam conforme os períodos do dia ou estações do ano. As da manhã eram claras, alegres e suaves, as da noite profundas, introspectivas e solenes. Cada uma destas séries de notas possuía uma característica única que se adequava perfeitamente ao matiz de luz da paisagem onde se passava. O primeiro ovo deu origem a outro pássaro Musikar, que por sua vez gerou uma infinidade de outros. Pode-se entrever por esta lenda, a origem e a multiplicidade de Ragas que vem se gerando desde os remotos tempos védicos.

Três Partes do Raga

Três partes compõe o Raga: a primeira, denominada Alap, é lenta, tranqüila e introspectiva, e constitui a evocação ao Raga. Jamais é acompanhado por percussão, pois sua pulsação não é regular, ocorrendo prolongados intervalos de silêncio entre seus letárgicos glissandos. É o alicerce do Raga. No Jor, segunda parte, o ritmo define-se e na terceira, o Jhala, acelera até que o músico sinta o momento de encerrar a peça. O Alap é representado pelo botão da flor que ainda não se abriu, mas todos os elementos já estão nele contidos. No Jor, a flor abre-se e, no Jhala, apresenta todas as suas cores.

A Lenda de Narada

Conta-nos a mitologia que o primeiro músico a receber a arte da Gandharva teria sido Narada. Este grande sábio da antiguidade orgulhava-se de haver dominado eximiamente a arte da música sagrada. Vishnu (divindade que mantém a tradição), cansado de tanta arrogância, decidiu dar-lhe uma lição: chamou-o e mostrou-lhe um grupo de aleijados que choravam copiosamente. Vishnu, então, perguntou-lhes por que tanto sofriam, e eles responderam:

– Somos os espíritos dos Ragas e um tal de Narada, que não sabe tocar, assim nos deixou.

Imploraram, então, à divindade, que enviasse à terra alguém competente, que lhes restituísse os membros. Narada, envergonhado, prostrou-se diante de Vishnu e pediu-lhe que o perdoasse. Desde então, os sentimentos supremos que orientam os músicos indianos são: Vinaya, a humildade e Sadhana, a perseverança.

Raga, Medicina Ayurvédica e Ásanas

Os Ragas não apenas relacionam-se com as cores, períodos do dia, estações do ano e elementos da natureza como também ao corpo humano. A medicina ayurvédica utiliza acordes e escalas sonoras para agir diretamente sobre nosso corpo. Sabe-se que certas escalas não apenas interferem nas ondas cerebrais como também provocam verdadeiros prodígios na fisiologia humana. Na antiga Grécia, Apolo era a divindade protetora da música e da medicina. A Antigüidade conhecia bem o poder terapêutico da música. O rei Davi tocava a cítara, operando verdadeiros prodígios na cura da psique humana. A saúde nada mais é do que a harmonia musical do corpo. Na música clássica indiana, as notas multiplicam-se biologicamente como células e tudo pulsa organicamente. O corpo humano é um grande ressonador e o efeito físico do som apresenta grande influência sobre ele. O Raga permeia o ser total, e, de acordo com sua específica influência, aumenta ou diminui a circulação sanguínea. Os vinte e dois shrutis relacionam-se diretamente com os vinte e dois nadis. Certos Ragas curam como, por exemplo, o Kedar e o Bhairavi que, segundo a medicina ayurvédica, teriam grande poder na terapia dos pulmões e doenças respiratórias. O fluxo sonoro do Raga também dinamiza os nadis, revitalizando nossa aura etérica e relacionando-se diretamente com certos *Ásanas* (posturas corporais), conforme abaixo:

Matsyásana	Raga Yaman
Tadásana	Raga Bilaval
Catupadásana	Raga Kirvani
Sirshásana	Raga Shivranjani
Chandrásana	Raga Malkauns
Sarvangásana	Raga Jaunpuri
Padmásana	Raga Bhairavi

Raga e Pranayama

Em sânscrito, o vocábulo *Sura* designa simultaneamente o som e a respiração. São na verdade o mesmo. Por meio do *Pranayama* (práticas respiratórias), consegue-se controlar o ritmo do coração, da circulação e de todos os movimentos respiratórios mediante a vibração musical. A respiração não é apenas ar, mas uma poderosa corrente de energia prânica. A audibilidade da respiração recebe o nome de voz.

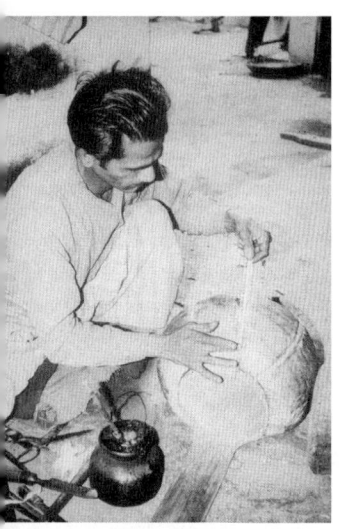

A construção do Sitar.

O Marajá de Baroda

Certa vez, o Marajá, de Baroda, tendo ouvido que a cura poderia ser obtida por meio da música, mandou realizar uma série de concertos nos principais hospitais de seu reino. Mas os músicos contratados pouco sabiam de medicina ayurvédica e tampouco eram iniciados na música sagrada. Eram apenas instrumentistas e cantores de corte que tratavam esta arte como mera diversão. O resultado foi que os doentes não paravam de gritar:

– Pelo amor de Deus! Fiquem quietos! Vão Embora!

Aquele não era o tipo apropriado de música e acabou por fazê-los sofrer ainda mais.

Os Estilos do Raga – Dhrupad, Khayal, Thumri

A música clássica indiana tem sua origem nos cantos védicos. Inúmeros mestres e sábios da Antiguidade codificaram esta música pelo sistema de Ragas, que veio a gerar o estilo tradicional Dhrupad, austero, nobre e solene. Neste estilo, a tabla não entra jamais, pois foi criada apenas no século XVI. No Dhrupad é usado seu ancestral, o pakavaj, tambor tocado horizontalmente com as duas mãos. Na segunda parte, o cantor, acompanhado pelo pakavaj, reinicia o Raga por meio dos temas Asthai e Antara.

No esplendor das cortes mogóis do século XVIII surge na arte vocal um novo estilo: o Khayal, cujo termo provém do persa, *fantasia* e *imaginação*. Este estilo romântico, repleto de ornamentos vocais, concede inteira liberdade de improvisação ao executante. Atualmente, é o estilo mais popular na Índia, tanto na arte vocal quanto na instrumental e vem a cada dia eclipsando o Dhrupad. A diferença básica entre o Dhrupad e o Khayal é que um é clássico e o outro romântico.

A partir do século XIX, um novo estilo incorporou-se à tradição: o Thumri, de caráter fortemente emocional, cujas letras referem-se geralmente ao amor entre Krishna e Radha. É importante notar que, na Índia, estes temas amorosos são imbuídos de um profundo espírito religioso.

A música folclórica indiana (Deshi) é também milenar, remontando às tribos pré-arianas do período neolítico. A música clássica indiana tem suas origens na Pré-História. Cada povoado apresenta uma forma original de interpretá-la e sua tradição é riquíssima, havendo um forte fluxo de influências entre ela e o Raga. Estes temas folclóricos tratados classicamente são denominados Dhun.

Sistema de Notação Indiano

Existe até hoje controvérsia sobre quantos intervalos musicais existiriam na música indiana. A origem desta celeuma provém do fato que Shiva legou ao homem uma vina sem trastes (divisões de metal no braço do instrumento). As divisões foram feitas pelo homem, por isso toda a confusão. Na música carnática do sul, da Índia, temos 28 notas e 22 na hindustani do norte. Lembremo-nos que a música ocidental possui apenas onze intervalos.

Inayat Khan e o Oceano de Microtons

No início do século, na cidade de Bombaim, realizavam-se debates sobre o número de intervalos (Shrutis) existentes na música indiana. As discussões acabaram por acirrar-se, chegando ao ponto da agressão física: os do norte afirmavam categoricamente serem vinte e dois e os do sul não abriam mão dos vinte e oito. Neste momento, adentrou à sala o eminente músico Inayat Khan, de longas barbas brancas. Trajando o despojado manto laranja dos Sadhus e empunhando firme seu cajado, silenciou a todos, proferindo solenemente estas palavras:

– Música é como água, são infinitas as divisões!

Os Vinte e Dois Shrutis

O sistema hindustani possui 22 microtons. Estas minúsculas frações são denominadas shrutis, termo que provém do sânscrito *ouvir*. Se pensarmos este sistema composto por 22 divisões como uma construção formada por pedras, sete delas destacar-se-ão como mestras: são as sete notas principais denominadas Saptaka (grupo de sete) que não diferem em nada de nosso modo maior de Dó. Cada uma destas notas principais recebe o nome de Svara (tom inteiro) termo que provém do sânscrito *Sva* (si mesmo) e *Rajri* (brilhar). A nota é concebida pela tradição védica como *aquilo que tem brilho próprio*. Essas notas são consideradas puras e chamadas Shuddha (naturais). São elas:

Nome	Abreviação	Grafia	Nota Ocidental
Shadja	Sa	S	Dó
Rishaba	Ri	R	Ré
Gandhara	Ga	G	Mi
Madhyama	Ma	M	Fá
Pancama	Pa	P	Sol
Dhaiavata	Dha	D	Lá
Nishaba	Ni	N	Si

Mandala de Notas

Na Índia, a harpa é muito utilizada, principalmente para o acompanhamento da arte vocal. É poeticamente denominada Svara Mandal, termo sânscrito que significa Mandala de Notas.

Saptaka e o Ocidente

Não é gratuita a semelhança entre as sete notas indianas Sa, Ri, Ga, Ma, Pa, Dha, Ni e as ocidentais. Na Índia encontra-se a raiz mais profunda de nossa cultura. Sabemos que todas as línguas européias (com exceção do húngaro, basco e finlandês) são derivadas do indo-europeu. Os antigos arianos, provenientes do norte da Índia, trouxeram à Europa não apenas sua linguagem e escrita (da direita para a esquerda) como também suas sete notas que originariam a base da música ocidental, o modo maior (Dó, Ré, Mi, Fá, Sol, Lá, Si).

Notas Musicais e Cores

O acre verde limão é como o trinado agudo do violino.

WASSILY KANDINSKY

Som e cor são vibrações análogas. Desde a antiguidade, o relacionamento entre as notas e seus respectivos matizes cromáticos vem sendo estudado. O físico Newton foi o primeiro a introduzir no Ocidente uma relação entre notas musicais e cores. Posteriormente, Goethe, em seu inspirado tratado "Doutrina das Cores", estabelece outra correspondência. Em meados do século XX, o suíço Johannes Itten, professor da célebre escola de arquitetura Bauhaus, inicia seus alunos na ciência indiana do Yantra (mentalização de cores e formas geométricas sagradas) que concebe as cores como seres individualizados. O criador da pintura abstrata, Wassily Kandinsky (também mentor da Bauhaus), deduziu seu sistema cromático (quadrado vermelho, triângulo amarelo e círculo azul) a partir das concepções indianas da Teosofia. Apenas agora o Ocidente acorda para a cromoterapia, arte medicinal praticada há milênios no Oriente.

A Vina de Cristal

Narada Muni certa vez apareceu em sonho ao sábio Tyagaraja dedilhando uma Vina de cristal. Enquanto ele tangia as cordas, sobre a cristalina superfície do instrumento, fulguravam matizes esmeraldinos e turquesas que ora iridesciam o amarelo do topázio e o púrpura do rubi. Thyagaraja acordou com o sol da manhã incidindo num cântaro de cristal com água do Ganges, que prismava todos os espectros cromáticos do arco-íris.

Na Índia, a música é, antes de tudo, pensada como cor. Bharata, em seu célebre tratado musical *O Gitalamkara*, escrito provavelmente no século II d. C, associa as sete notas às cores:

Sa	Vermelho da pétala do lótus
Ri	Verde da pena do papagaio
Ga	Dourado
Ma	Branco da flor do jasmim
Pa	Negro da ágata
Dha	Amarelo brilhante
Ni	Multicor

Nos meses de fevereiro ou março, comemora-se em todo território indiano o Holi, Festival das Cores. Água colorida é jogada literalmente para todo o lado, em celebração ao início da primavera. Nas feiras e mercados pode-se encontrar cones de pigmento que apresentam as mais variadas colorações. O vermelho é obtido de raízes vegetais, o amarelo das sementes da romã ou da casca da manga e o preto de uma fruta denominada mirobala.

O espectro cromático tem forte influência na psique humana: o vermelho irradia força, vitaliza e revigora; o azul claro eleva nosso espírito à espiritualidade; o verde-seda é refrescante e calmante, utilizado pela medicina ayurvédica para cura; o rosa inspira o sentimento de amor e filantropia, enquanto o amarelo brilhante induz-nos ao raciocínio superior.

Como a luz branca, que se difrata nas sete cores primárias, as sete notas Sa, Ri, Ga, Ma, Pa, Dha, Ni são variações vibracionais do Nada Brahmam. Segundo certas Gharanas, a milenar relação que estabelece a analogia entre cor e nota musical (que curiosamente coincide com a de Newton), seria a seguinte:

Sa	Vermelho
Ri	Laranja
Ga	Amarelo
Ma	Verde
Pa	Turquesa
Dha	Azul
Ni	Lilás

Alguns Ragas (introspectivos), como o Yaman, são azuis, outros como o Bhairavi (expansivos), apresentam um laranja intenso. A arte musical indiana consiste numa verdadeira Cromosofia. Muitas destas relações entre cor e vibração sonora estão descritas nos antigos tratados como o *Ragasagara*. O sábio Narada (séc. VII d. C.) classificou os Ragas em três tipos básicos: os azuis, os amarelos e os vermelhos. Estes Ragas combinam-se entre si, apresentando uma palheta infindável de matizes cromáticos.

Notas Musicais e Canto dos Pássaros

Não existe, na tradição musical indiana, a noção de tom absoluto; no Ocidente (embora nem todos saibam) também não: o Lá francês é diferente do Lá alemão que, por sua vez, distingue-se do Lá pitagórico. O sânscrito sempre foi considerado como a *Linguagem dos Pássaros*. O teórico sanscritista Sarngadeva, em seu célebre tratado *Sangita-Ratnakara*, afirma que os intervalos da escala natural teriam sido determinados pelo som de certos animais:

Sa	Canto do Pavão
Ri	Mugido do Búfalo
Ga	Berro do Bode
Ma	Trinado da Cegonha
Pa	Gorjeio do Cuco
Dha	Relincho do Cavalo
Ni	Grito do Elefante

Notas Musicais e Corpo Humano

Neste tratado milenar, o corpo humano também é associado às sete notas musicais:

Sa	Alma
Ri	Cabeça
Ga	Braços
Ma	Peito
Pa	Garganta
Dha	Ancas
Ni	Pés

Notas Musicais e Chakras

Os chakras são também associados às freqüências sonoras. Os chakras, ao girar, emitem som. Cada Raga possui intervalos diferentes que detêm afinidade com certos chakras. Mas a relação entre eles e as notas musicais é extremamente secreta na Índia, sendo tratada com muita reserva tanto nos livros (sérios) como pela tradição oral. Os mestres até evitam falar no assunto. A razão disto é simples: o som pode tanto curar quanto matar. Acordes musicais operam prodígios de cura e são amplamente utilizados pela medicina tradicional ayur-védica. Através do som, os chakras podem ser alinhados. Os médicos-músicos ayurvédicos estudam anos a fio o poder harmônico e vibracional do som sobre a psicopatologia humana, sendo a Universidade de Benares (B.U.) um de seus mais importantes centros de pesquisa. A transmissão destes ensinamentos é extremamente secreta, rigorosamente oral e mantida de mestre para discípulo há milênios. O som pode estimular ou interromper as energias. Existe uma prática muito utilizada pela medicina ayurvédica que consiste na vocalização (ou toque de gongos em forma de cuia) de notas específicas sobre os chakras. Nesta terapia, sente-se fisicamente a absorção ou repulsão de cada nota sobre o corpo humano. Quando o som é absorvido pelo chakra, é sinal que este o necessita. Reverberando em uníssono à sua freqüência, ele intensifica e harmoniza sua rotação. Após absorver toda vibração sonora que precisa, o chakra a rejeitará, pois possui um "sistema de segurança" que apenas retém o nível vibratório necessário.

Os médicos ayurvédicos utilizam acordes sonoros para a terapia de órgãos vitais do corpo humano. Cada órgão possui uma vibração específica que, quando debilitada, provoca uma série de anomalias à saúde. A freqüência sonora adequada reequilibra e sintoniza sua vibração, harmonizando suas funções vitais.

Krishna Chakravarty e os Chakras

Certa vez, Krishnaji resolveu mostrar-me o Alap do Raga Malkauns. As notas fluiam profundas e solenes, e minha Guruji mostrava em seus precisos Meends (Bends) toda sua prodigiosa técnica. Concentrava-me de olhos fechados e, a certo ponto, senti um forte toque no meio da testa. Abri os olhos, pensando que alguém me havia tocado, mas nada! Cerrei novamente as pálpebras e o efeito repetiu-se. Ao terminar a execução, muito impressionado, perguntei-lhe:

— Quando tocava, algo estranho tocou-me a testa, e por duas vezes!

— Não fale comigo! Retrucou ela com os olhos arregalados (Um citarista leva de cinco a quinze minutos para voltar do estado de Samadhi). Algum tempo depois, ela calmamente respondeu:

— Você recebeu a bênção de um Deva (Arcanjo do Som) que tocou seu Chakra Frontal.

Krishnaji comentou o fenômeno como se fosse a coisa mais natural do mundo. Aquilo na Índia era visto como algo normal e corriqueiro.

Chakras Sonoros do Sitar

O sitar tem os trastes móveis (atados com fios de seda ou nylon), pois nenhum luthier indiano impõe uma escala musical pré-determinada. Compete ao músico estabelecer, segundo sua perícia e sensibilidade, a localização microtonal das notas. Lembremo-nos que a música indiana não é temperada.

Estes pontos são os chakras do instrumento, e o iniciado na arte do sitar (como o acupunturista) sabe precisamente encontrá-los.

Komal e Tivra

O sistema de notação musical indiano compreende também as noções de komal (bemol) e tivra (sustenido) representados pela seguinte grafia:

R̲   Ri komal   (bemol)

M̍   Ma tivra   (sustenido)

Nome	Grafia	Nota Ocidental
Shuddha Sa	S	Dó
Komal Re	R̲	Ré^b
Shuddha Re	R	Ré
Komal Ga	G̲	Mi^b
Shuddha Ga	G	Mi
Shuddha Ma	M	Fá
Tivra Ma	M̍	Fá$^\#$
Shuddha Pa	P	Sol
Komal Dha	D̲	Lá^b
Shuddha Dha	D	Lá
Komal Ni	N̲	Si^b
Shuddha Ni	N	Si

As notas Sa e Pa são sempre shuddha e jamais tornam-se komal (bemol) ou tivra (sustenido), sendo consideradas shanta, ou seja, imóveis.

INTERVALS AND SRUTIS																						
SRUTI (22) or **SHRUTI**	Sa	Ri or reh ♭	Ri ♭	Ri ♮	Ri #	Ga ♭	Ga ♭	Ga ♮	Ga #	Ma —	Ma —	Ma #	Ma +	Pa	Dha ♭	Dha ♭	D ♮	D #	Ni ♭	Ni ♭	Ni ♮	Ni #	Sa	Ri ♭
SVARA(7)	Sa	Ri or Reh				Ga				Ma				Pa	Dha				Ni				Sa	
DIATONIC Sol / Fah scale	Doh	Ray				Me				Fah				Soh	Lah				Te				Doh	
CHROMATIC 12-tone scale	C	D♭	D		E♭ E					F	F#	G			A♭	A			B♭	B			C	

O Vasto Oceano dos Shrutis

Entre duas notas, estende-se um verdadeiro *oceano de microtons*, intervalos mínimos que revelam toda a riqueza e sensibilidade da música clássica indiana. O esquema completo destes 22 shrutis é o seguinte:

1	Shuddha Sa	12	Tivra Ma
2	Atikomal Ri	13	Tivratara Ma
3	Komal Ri	14	Shuddha Pa
4	Madya Ri	15	Atikomal Dha
5	Shuddha Ri	16	Komal Dha
6	Atikomal Ga	17	Trisruti Dha
7	Komal Ga	18	Shuddha Dha
8	Shuddha Ga	19	Atikomal Ni
9	Tivra Ga	20	Komal Ni
10	Shuddha Ma	21	Shuddha Ni
11	Tivra Ma	22	Tivra Ni

Mas o que realmente caracteriza a riqueza e a dimensão transcendental da música clássica indiana são os shrutis. Existe uma forte relação entre os 22 shrutis e os 22 nadis, meridianos de energia etérea que interligam os chakras. Dominar estas minúsculas nuanças sonoras leva ao executante anos e anos de intensa prática. É curioso que este processo de dividir a oitava em intervalos cada vez menores, que beiram a vacuidade, aparentemente contraria o espírito de síntese da filosofia indiana. Mas é por meio dos shrutis que os grandes mestres pontificam sua perícia e virtuosismo em exprimir todos os matizes sutis da música das esferas. Alguns especialistas têm o preciosismo de afirmar que o Ga do Raga Shri não seria o mesmo Ga do Raga Pilu. Existiria uma diferença microtonal entre eles, sendo que apenas a perfeita acuidade auditiva dos grandes mestres pode distinguir. Na microtonalidade das notas, que compõe as escalas dos Ragas, residiria o segredo e o poder mágico de certas interpretações. Os 22 shrutis relacionam-se diretamente com os 22 nadis, canais de energia etérea que interligam os chakras.

No Ocidente, os quartos de tom são também plenamente utilizados. O prodigioso violinista Jascha Heifetz costumava afirmar que: *os virtuoses conseguem entrever o que a partitura não diz.* É notável o vasto espectro dos microtons que podemos apreciar nas interpretações de mestres como Segovia, Pablo Casals, Ruggiero Ricci, Yehudi Menuhin, entre outros. O introdutor da música microtonal no Ocidente foi o mexicano Julián Carillo (1875-1965), criador da teoria do 13º Som (14 tons e 13 intervalos), cujas composições foram elaboradas para pianos microtonais e instrumentos capazes de reproduzir até a sexagésima parte da oitava. No Brasil tivemos a presença visionária do suíço Walter Smetak (1913-1984), o genial criador de vinas microtonais feitas com cabaças nordestinas. Atualmente, o compositor húngaro Gyorgy Ligeti (1923) explora os quartos de tom na música contemporânea e vários musicologistas empenham-se em recuperar a microtonalidade dos Cantos Gregorianos, cuja autêntica entoação original, fortemente marcada pela tradição do Império Bizantino, era repleta de ornamentos e arabescos orientalizantes. Esta interpretação microtonal da arte do Medievo pode ser apreciada na versão da *Missa de Notre Dame* de Guilhaume de Machaut (1300-1337), magistralmente realizada pelo Ensemble Organum Marcel Pèrés.

A Seta Imóvel de Zenão

O enigma das múltiplas divisões da oitava em frações cada vez menores, remete-nos ao paradoxo da *Seta Imóvel* de Zenão de Eleia (490 a.C.). Este filósofo grego pré-socrático afirmava que uma seta jamais poderia atingir o alvo, ficando imóvel no ar, pois, para atingi-lo, teria que percorrer a metade do caminho, e para isto teria que percorrer a metade do caminho do caminho e assim sucessivamente *ad infinitum.*

Walter Smetak e o Sitar

Walter Smetak, o experimentalista suíço radicado na Bahia, enquanto fazia alguns acertos nas cravelhas de meu sitar, tentava convencer-me a pintar de dourado o interior da cabaça do instrumento. Segundo ele, o ouro alquímico solar infundiria mais energia vital à sua sonoridade microtonal.

Neste instante, apareceu na oficina um músico provindo do Japão, trazendo um moderníssimo teclado eletrônico de alta tecnologia. Entusiasmado, o nipônico demonstrou-nos todos os recursos do aparelho. Smetak, após mexer nos incontáveis parâmetros e tocar duas ou três notas no teclado, exclamou com seu peculiar sotaque suíço:

– Muito bem! Mas onde estão os microtons?

Portal ao Infinito

A música clássica indiana não é temperada. Entre cada oitava existe um pequeno intervalo chamado *Portal ao Infinito*. É justamente esta pequena fresta que torna a música orgânica, cósmica e natural. Esta música está intimamente relacionada à progressão logarítmica do espiral do ouvido humano. É a verdadeira música das esferas. Os antigos gregos jamais temperaram sua música transcendental que originou os Cantos Gregorianos. A música ocidental, até o século XVII, não era temperada. Matemáticos e filósofos como René Descartes e Leibnitz ocuparam-se do problema (o primeiro livro escrito por Descartes é sobre a música). Poucos sabem, mas há vários tipos de temperamento, sendo a questão polêmica e pouco abordada. O temperamento que atualmente usamos é apenas um entre inúmeros esquemas matemáticos possíveis, sendo o que foi melhor aceito.

O grande J. S. Bach e outros compositores de sua época preferiam não temperar as peças escritas para instrumentos solo. O temperamento era apenas indicado para orquestrações em que as dissonâncias poderiam ser eliminadas. Certa vez, o musicólogo alemão Felix Baritsch mostrou-me um disco de vinil no qual os dois lados exibiam a mesma peça: *A Partita para Violino Solo* de J. S. Bach. Apenas num deles a peça era tocada de forma temperada. Impressionante a diferença entre as interpretações: a não temperada exibia um límpido e cristalino frescor e o som abria-se a todos os harmônicos.

Esta é a razão pela qual, na Índia, praticamente apenas apresentam-se solistas, tanto na área instrumental quanto na vocal. Os duetos, denominados *Jugalbandi*, são muito recentes e jamais existiram na tradição milenar. Ravi Shankar, em seu livro *Ragamala*, revela-nos que os instrumentos indianos possuem tanta vibração que se torna impossível orquestrar um grande número deles. Um recital clássico de sitar é apenas acompanhado por uma tabla e uma tampura, e mais nada. Shankar comenta jocosamente que o mesmo ocorre com os indianos; estes *detém tanto poder mental que, quando colocados juntos, em grande número, também começam a ocorrer problemas.*

Harmônium, o Inimigo Público Número 1

Mas todo esse magnífico sistema do não temperamento da música indiana viria abaixo no século XIX, quando os missionários ingleses introduziram no país um pequeno teclado de fole, o harmônium. Este instrumento portátil começou a ser amplamente utilizado principalmente pelos cantores, e acabou por fazer o desserviço de temperar a música indiana. A air é extremamente consciente em fazer severas restrições quanto a seu uso nas programações, sendo considerado como o "Inimigo Público Número 1 da Música Clássica Indiana".

O Tubo de Bambu

Existe um provérbio chinês que diz: "Escrever música é como observar o firmamento por um tubo de bambu". O sofisticado sistema de notação indiano, que registra até quartos de tom, é imperfeito quanto à duração de tempo da nota. O motivo é simples: ele não é praticamente usado. Apenas ao grafar-se as escalas das Ragas, seus respectivos temas, pensa-se em utilizá-lo. Minha Guruji, Krishna Chakravarty, certa vez contou-me que, quando criança, seus mestres de música (extremamente fiéis às antigas tradições) não grafavam sequer os exercícios de aula por considerar a escrita grosseira demais para a sutileza microtonal do sitar. É impossível registrar com exatidão as sinuosas passagens dos Shrutis de um Alap. Os Ragas são improvisados e os artistas apresentam-se de olhos cerrados num estado de concentração tão profunda (*Samadhi*) que qualquer leitura musical tornar-se-ia impraticável. Todo grande intérprete dos Ragas é, na verdade, um grande compositor. Jamais um citarista ou um cantor clássico indiano sobe ao palco munido de partitura. Além disso, geralmente, nem ao menos prepara o programa com antecedência. No momento de iniciar a execução, sente-se inclinado a interpretar esta ou aquela Raga. Torna-se um instrumento do sistema cósmico inteiro, aberto a toda sorte de inspirações.

Ali Akbar Khan e o Raga

O grande tocador de sarod, Ali Akbar Khan (filho do mestre de Ravi Shankar), certa vez, num recital em Los Angeles, subiu ao palco, sentou-se com o instrumento, olhou o auditório lotado e disse:

– Senhoras e senhores, não estou inspirado! Não estou sentindo o "mood". Me desculpem, mas vou dar um passeio e já volto...

Caminhou, então, por mais de meia hora num parque próximo ao teatro, e ao voltar, plenamente imerso no espírito do Raga, iniciou o recital...

Vilayat Khan e o Raga

O Sufi Vilayat Khan (filho do célebre Sufi Inayat Khan), considerado o maior citarista da Índia do século XX (falecido em 2002), e admirado por seu estilo austero, ortodoxo e tradicionalista, estava num estúdio em Bombay, preparando-se para gravar o dificílimo Raga Jog, a pedido da gravadora. Vinha há meses aprimorando-se nesse Raga, e enquanto os técnicos dispunham e acertavam os microfones, o recinto foi tomado por curiosos, diletantes, cronistas sociais e hippies norte-americanos. Eles conversavam animadamente até que, a certo ponto, Vilayat Khan, não contendo sua irritação, colocou todo mundo para fora.

Concentrando-se profundamente, sentiu o "mood" do Raga Yaman e iniciou um registro antológico, considerado sua obra-prima. Estes grandes mestres, sentem uma grande responsabilidade ao gravar, pois sabem que estes registros servirão de modelo e parâmetro às futuras gerações.

O Espírito do Raga

Embora os Ragas sejam tocados livremente, utilizando-se apenas dois temas fixos denominados Asthai e Antara, um ouvinte atento os reconhecerá aos primeiros compassos por meio de suas inconfundíveis seqüências melódicas. Um apreciador indiano de música clássica sentirá até o cheiro da terra molhada pela chuva ao ouvir o Raga Megh Malhar das monções. O perfume das flores e o alegre ar primaveril surgirão às primeiras notas do Raga Basant. Cada Raga possui um espírito individualizador que o diferencia dos demais. O Raga é concebido como um ser que cada vez mais conhecemos e nos familiarizamos. Existem teoricamente milhares de Ragas, mas atualmente apenas uma centena deles são praticados. Dez escalas (Thats) são apontadas como geratrizes dos Ragas.

As Dez Escalas Geratrizes dos Ragas

Bilaval	S	R	G	M	P	D	N
	Dó	Ré	Mi	Fá	Sol	Lá	Si
Kalyan	S	R	G	Ṁ	P	D	N
	Dó	Ré	Mi	Fá#	Sol	Lá	Si
Khamaj	S	R	G	M	P	D	N̲
	Dó	Ré	Mi	Fá	Sol	Lá	Si♭
Bhairav	S	R̲	G	M	P	D̲	N
	Dó	Ré	Mi	Fá	Sol	Lá♭	Si
Purvi	S	R̲	G	Ṁ	P	D̲	N
	Dó	Ré♭	Mi	Fá#	Sol	Lá♭	Si
Marwa	S	R̲	G	Ṁ	P	D	N
	Dó	Ré♭	M	Fá#	Sol	Lá	Si
Kafi	S	R	G̲	M	P	D	N̲
	Dó	Ré	Mi♭	Fá	Sol	Lá	Si♭
Asavari	S	R	G̲	M	P	D̲	N̲
	Dó	Ré	Mi♭	Fá	Sol	Lá♭	Si♭
Bhairavi	S	R̲	G̲	M	P	D̲	N̲
	Dó	Re♭	Mi♭	Fá	Sol	Lá♭	Si♭
Todi	S	R̲	G̲	Ṁ	P	D̲	N
	Dó	Re♭	Mi♭	Fa#	Sol	Lá♭	Si

Ragas Assimétricos

Essas dez escalas geratrizes (Thats) podem ser combinadas em milhares de articulações num processo de análise combinatória. O sistema, embora milenar, ainda está aberto a novos Ragas, pois o número de possibilidades é enorme. Isso se deve aos Ragas assimétricos que possuem duas escalas (ascendente e descendente) diferentes. Um exemplo é o Raga Bhin Palasi que tem como escalas:

Escala Ascendente	N̲	G̲	M	P	S		
	Si♭	Mi♭	Fá	Sol	Dó		
Escala Descendente	S	N̲	D	P	M	G̲	R
	Dó	Si♭	Lá	Sol	Fá	Mi♭	Ré

Ragas Pentatônicos

Muito especiais são os Ragas pentatônicos (cinco notas), pois suas notas evocam os cinco elementos: Terra, Água, Fogo, Ar e Éter. São mais envolventes e poderosos que os de sete. A origem dos Ragas pentatônicos é a flauta primitiva. Quando o homem, na floresta, tomou um pedaço de bambu e nela fez quatro furos, cujas distâncias entre eles pudesse colocar sem esforço os dedos, fez então outro buraco na parte inferior. Foi isso que produziu o Raga de cinco notas. O Swami Pareshananda da Missão Ramakrishna certa vez segredou-me que o Raga Malkauns, interpretado na madrugada, tem grande poder sobre os *Djins* (duendes) que rodopiam alegremente ao ouvi-la. As associações destes Ragas com as estações do ano são as seguintes:

Raga Durga primavera	S / Dó	R / Ré	M / Fá	P / Sol	D / Lá
Raga Bhupali verão	S / Dó	R / Ré	G / Mi	P / Sol	D / Lá
Raga Malkauns outono	S / Dó	G / Mi	M / Fá	D / Lá	N / Si
Raga Megh verão	S / Dó	G̲ / Mi♭	M / Fá	P / Sol	D̲ / Lá♭
Raga Hamsa Dwani primavera	S / Dó	R / Ré	G / Mi	P / Sol	N / Si
Raga Shivranjani outono	S / Dó	R / Ré	G̲ / Mi♭	P / Sol	D / Lá
Raga Bibhas inverno	S / Dó	R̲ / Ré♭	M / Fá	P / Sol	D̲ / Lá♭

O Flautista Sufi

Perguntaram a um flautista indiano:
– Para onde vais?
– Vou onde o vento soprar.
– Mas se não houver vento?
Pegando a flauta ele exclamou:
– Então eu mesmo sopro!

Índia e Grécia Antiga

Havia na antiguidade um grande intercâmbio cultural entre a Índia e a Grécia. O grego clássico provém das raízes indo-européias, como também a música helênica. Por meio da Pérsia a cultura indiana (mais antiga) exerceu forte influência sobre ela. O eminente hinduísta francês Alain Danielou provou de forma magistral e categórica, em seu livro *Shiva e Dionísio*, que a divindade grega da fertilidade, Dionísio, não era outro senão Shiva. Sempre se soube que esta divindade teria provindo do Oriente.

Por sua vez, por meio de Alexandre o Grande (que levara a seu país inúmeros músicos da Índia) a arte da estatuária grega influenciaria de forma marcante os escultores indianos. Alguns Ragas vieram a criar as bases da música grega em seus modos que posteriormente originariam os Cantos Gregorianos. Os modos gregos eram, na civilização helênica, utilizados para acalmar, estimular e criar uma série de estados mentais. Cada um deles detém o poder de vibrar certos chakras e agir sobre nosso corpo etérico.

Ragas Indianos	=	Modos Gregos
Raga Bilaval	=	Modo Jônico
Raga Kafi	=	Modo Dórico
Raga Bhairavi	=	Modo Frígio
Raga Yaman	=	Modo Lídio
Raga Khamaj	=	Modo Mixolídio
Raga Asavari	=	Modo Eóleo
Raga Bhairav	=	Modo Bizantino

A Flauta Encantada

Madame Blavatsky, a grande mentora da Sociedade Teosófica, certa vez percorria o interior da Índia, quando avistou um magnífico templo. Ao entrar, deparou-se com uma suntuosidade deslumbrante: colunas de jaspe e jade dispunham-se solenes entre preciosos ornamentos dourados; centenas de sacerdotes em vestes laranjas percorriam suas amplas galerias. No salão principal, um flautista interpretava um Raga puro e profundo. Terminada a execução, ela, extasiada, perguntou-lhe:

– Que música é essa que me transportou às esferas celestiais?

– É a Flauta Encantada! respondeu ele sorrindo.

Muito impressionada, voltou no dia seguinte, desta vez acompanhada por vários eminentes teosofistas. Mas qual foi sua surpresa ao nada mais encontrar.

O templo havia desaparecido e apenas entrevia-se o vasto descampado.

Ragas e Sistema Solar

Alguns Ragas são associados aos planetas do sistema solar:

Raga Khamaj	Saturno
Raga Yaman	Júpiter
Raga Bhairavi	Marte
Raga Jaunpuri	Sol

Allauddin Khan e o Rajá

Conta-se que o Sufi Allauddin Khan, mestre de Ravi Shankar, era músico da corte do Rajá Jagat Kishore. Certa noite, o Rajá, sentindo-se indisposto, chamou o jovem Allauddin e pediu-lhe:

– Não tenho sono. Toque algo suave que me faça dormir.

Allauddin, negando-se a tocar, retrucou:

– Meu Rajá, a música clássica da Índia não é soporífero.

Isto não apenas custou-lhe o emprego como também o impediu de apresentar-se por bom tempo nas cortes.

Raga e Meditação

A grande finalidade da música indiana é o aprimoramento da mente, pois não existe melhor forma de concentração que a música. Ela exalta a profunda união com o Infinito. É inegável o estado de paz espiritual que o Raga traz. Ouvindo o som sinuoso de uma flauta de bambu interpretando um Raga, a mente divaga num fluxo mental solene e divino. É precisamente este discurso que vem sendo cuidadosamente preservado há milênios. Os neurologistas, ao analisarem os eletroencefalogramas de pessoas meditando, apontam os Ragas como poderosos indutores de ondas alfa. As ondas cerebrais são, em sua essência, modulações musicais. Como na ciência do Yantra, a mentalização de formas, mandalas e cores orienta o equilíbrio psicológico, a ciência do som possui o mesmo poder, sendo muito utilizada na prática da meditação. Mahatma Gandhi costumava meditar ao som do sublime Raga Todi da manhã. Ravi Shankar criou um novo Raga, o *Mohankauns*, em homenagem a este grande estadista cujas notas principais são Ga e Dha.

Mahatma Gandhi e o Raga

Certa vez perguntaram a Gandhi:

– No que pensa quando medita ao som do Raga?

– Em nada, respondeu ele.

– Mas se nada pensa, o que é que fica?

– Deus! Pontificou solene o Mahatma.

4.
Tala – Os Ciclos Rítmicos Sagrados

Para apreciar a música indiana, devemos esquecer que existe um relógio marcando o tempo, e puramente mergulhar num transe hipnótico e subjetivo.

YEHUDI MENUHIN

O Tempo Cíclico

Desde os tempos imemoriais, o tempo é pensado na Índia como círculo. O termo sânscrito para círculo é *chakra*, que originou *kiklos* no grego clássico, *circus* no latim, *kweeol* no inglês arcaico e *wheel* no inglês moderno. Na mitologia indiana, ciclos de milhões de anos, denominados Kalpas, sucedem-se como efêmeras vagas no oceano da eternidade. O chamado "Dia de Brahma" é um kalpa composto por 4.320 bilhões de anos. O maior destes ciclos compreende a fabulosa cifra de 311.040.000 trilhões de anos, tempo necessário para o Universo, após ter se expandido, voltar à sua origem. O Cosmo é concebido como algo que expande e contrai ciclicamente. Os astrônomos contemporâneos vieram a comprovar que as galáxias estão se afastando umas das outras e que o Universo expande-se a partir de uma explosão inicial. Este conceito do tempo elíptico e harmonioso que rege as leis físicas do Universo é um dos princípios básicos da filosofia indiana. A roda raiada, que já no período védico representava o carro solar de Indra, encontra-se, nos dias de hoje, solenemente estampada no centro da bandeira nacional indiana. Shiva Nataraja, cuja dança circular representa o movimento eterno da energia cósmica, empunha, numa de suas mãos, o tambor.

A Música das Esferas

A música clássica indiana não tem começo, meio ou fim. Ela ecoa no Cosmo continuamente como a música das esferas. O intérprete, ao iniciar um Raga, é como um passageiro que embarca num veículo em movimento; ao encerrá-la, ele desce e o veículo segue sua eterna trajetória. O mesmo vocábulo

Tal designa na Índia o ontem e o amanhã. O tempo é concebido como um vasto e eterno oceano, onde, num piscar de olhos, dissolve-se o hoje.

Matra, a Célula Rítmica

A unidade de tempo é denominada matra, que no sânscrito significa célula. Estas unidades de tempo sucedem-se como células vivas de um organismo. O tempo não é pensado como linear, mas como algo orgânico. Diferentemente das batidas regulares de um metrônomo, não existem duas células exatamente iguais numa progressão biológica. Embora os ciclos rítmicos indianos tenham um fundamento matemático e até pitagórico, este tempo orgânico não pulsa de forma regular como o metrônomo. A magia da percussão indiana reside no fato de que suas unidades de tempo não são regulares como o *tic-tac* mecânico do relógio. No Alap, primeiro movimento do Raga, não existe um ritmo definido, mas apenas pulsações. Este tempo não linear é o que realmente distingue a música indiana da ocidental tradicional (a música clássica ocidental contemporânea utiliza a noção oriental de tempo em suas *constelações sonoras*). O compositor alemão H. J. Koellreutter desenvolveu o conceito de que o tempo na música indiana é um *tempo experimentado* e não *racionalmente medido*.

A Lenda de Dasa

O jovem Dasa adormeceu ao dolente som do Gânges numa quente tarde de verão. No sonho, atingiu a maioridade, foi convocado para a luta contra os invasores mongóis, casou-se, tendo sete filhos e por fim abandonou tudo, tornando-se sacerdote. Ao acordar, levantando com dificuldade, notou estupefato que contava com mais de noventa anos!

A Tala – A Mandala Rítmica Indiana

> A música indiana é a percepção direta das relações simbólicas entre os números, as idéias e as formas.
>
> ALAIN DANIELOU

Como as escalas do Raga, o universo rítmico vem sendo mapeado na Índia há mais de seis mil anos. A arte da percussão, muito sofisticada, exige do executante uma intensa disciplina de estudo e uma prática de décadas. O ciclo rítmico é denominado Tala, termo sânscrito que provém da junção das sílabas

"Ta", de *Tandava* (a dança cósmica de Shiva) e "La", de *Lasya* (a suave dança de Parvati, sua esposa). A união da energia masculina do fogo, representada por Shiva, com o magnetismo feminino de Parvati, constitui o fundamento da Tala, revelando a proximidade da arte musical ao iniciático tantrismo. Esta unidade é simbolizada pela estrela de Davi, em que dois triângulos interpenetram-se. O triângulo voltado para cima representa o fogo e o Ser Cósmico (*Purusha*), e o voltado para baixo, a água e a Natureza Cósmica (*Prakrti*). A união entre estes dois triângulos simboliza o caráter mutável do Universo. O círculo que os envolve nos *Yantras* (configurações geométricas sagradas) representa a região onde se unem: o campo do Tempo. Quando se separam, o Tempo cessa de existir e o Universo é destruído. Este ciclo cósmico é representado mitologicamente pelo tambor de Shiva.

Comenta-se que o percussionista indiano possui na cabeça um poderoso computador, pois estes ciclos vão de 3 a 108 tempos (matras). Podemos imaginar o que seja tocar 108 unidades de tempo e fazer prodigiosas variações sem perder a métrica original. O tempo mais importante que marca o início do ciclo denomina-se *Sam*, termo que provém do sânscrito *Junção*, pois, por meio dele, cada período vincula-se a outro no ciclo. O Sam é como a conta mestra de um colar. Os demais tempos são chamados Tali e os intervalos de silêncio Khali. Um vocalista ou instrumentista deverá sempre formular suas frases musicais de maneira que retornem sempre ao Sam.

O Anel Mágico

No Sam reside um dos grandes segredos da magia da música indiana. Indescritível a beleza de um solo de percussão acompanhado por um anel melódico executado por cordas ou sopro, cujas notas encaixam-se perfeitamente ao ciclo rítmico do Tala. Enquanto o anel repete-se continuamente pontuando o Tala, o ritmista divide e subdivide o ciclo rítmico em complicados padrões, sempre orientado pelo anel que lhe indica o Sam. É precisamente o Sam que fecha o colar e oferece repouso à mente que ajusta suas ondas cerebrais ao Tala.

A Tabla

A tabla, instrumento composto por dois tambores, produz uma infinidade de sons que são codificados por sílabas rítmicas como Ta, Din, Terekete, Trike, Tina etc. O percussionista não deve apenas dominar os matras como

Passa a tocha. De mestre a discípulo, os ciclos rítmicos sagrados.

61

também suas respectivas sílabas. O ritmo mais conhecido é o Tintal, composto por dezesseis matras, divididos em quatro grupos de quatro matras. O dezesseis é o número sagrado do tantrismo, pois contém as quatro fases da lua, multiplicado pelo número das estações do ano. Representando o quaternário (a ordem), suas sílabas são:

Dha	Dhin	Dhin	Dha
Dha	Dhin	Dhin	Dha
Na	Tin	Tin	Ta
Dha	Dhin	Dhin	Dha

Dentro deste imenso mapeamento de ritmos que vem sendo aperfeiçoado há milênios, alguns ritmos são considerados como sagrados:

- O Dadra é composto por seis matras divididos em três:

    Dha Di Na/ Dha Tin Na

- O Kaharva, muito utilizado na música folclórica, contém oito matras, divididos em quatro:

    Dhage Nake Naga Dhin
    Dhage Nake Naga Dhin

- O Rupak compõe-se de sete matras divididos em 3/ 2/ 2:

    Tin Tin Na/ Dhin Na/ Dhin Na

- O Jhaptal possui dez matras, divididos em 2/ 3/ 2/ 3:

    Dhi Na / Dhi Dhi Na / Ti Na/ Dhi Dhi Na

- O Ektal tem doze matras, divididos em 4/ 4/ 2/ 2:

    Dhin Dhin Dhage Trike/ Tu Na Ka Ta / Dhage Trike/ Dhin Na

Alla Rakha e Ravi Shankar.

Amir Kushrau e a Tabla

O célebre Amir Kashrau foi certa vez desafiado por um grande mestre do pakavaj, a um duelo de percussão. É comum na Índia, quando um tablista acompanha um intérprete do Raga, este harmonioso contraponto transformar-se em larant (luta). Vence quem melhor consegue movimentar-se nos intrincados padrões rítmicos. Mas Amir Kashrau, também tocando o pakavaj (tambor horizontal com um lado grave e outro agudo) não conseguia superar seu oponente. As talas sucediam-se em velocidade cada vez maior e tudo que um fazia, o outro reproduzia de forma similar. E isto por várias horas. A certo ponto, Kushrau, perdendo a paciência, acabou por lançar seu pakavaj ao chão, rompendo-o em duas partes iguais. Colocou-as à sua frente na posição vertical e iniciou um prodigioso solo, conseguindo assim sagrar-se vencedor. Esta é a lenda da origem da Tabla, instrumento sublime de percussão, composto por dois tambores: um agudo e cônico de madeira (danya) e outro esférico e grave de metal (banya).

Movimentos Rítmicos

Existem também neste sistema dois tipos básicos de movimento: o lento, chamado vilambit e o rápido, drut. O vilambit subdivide-se em ati vilambit (muito lento) e madhia vilambit (moderadamente lento). O drut divide-se em madhya drut (moderadamente rápido) e ati drut (muito rápido). É importante frisar que nunca existiu na Índia a noção de tempo de duração na música. Totalmente improvisada, o intérprete a certo momento sente que é chegado o fim da apresentação. Um Alap, por exemplo, pode alongar-se por mais de uma hora. Isto começou a ser alterado com as primeiras gravações as quais os músicos foram obrigados a interpretar o Raga em cinco minutos, tempo máximo destes registros pioneiros. Desde o advento do rádio e da televisão, eminentes artistas vem passando pela constrangedora situação de serem interrompidos ao terminar o programa, que possui um horário determinado. A rigor, os Ragas não têm início, meio ou fim. Como música das esferas, os Ragas estão soando infinitamente no éter. O intérprete sintoniza o Raga como uma "rádio" que emite sua vibração continuamente. Tocar um Raga é como subir num veículo andando e descer enquanto ele segue caminho.

Khali, O Silêncio Afinado

Uma das mais importantes noções para compreendermos a música indiana é o conceito de *khali*, o silêncio. O silêncio para o músico oriental chega a ser mais importante que o som. É importante notar que foram os indianos que inventaram o zero. Entre dois pensamentos, é o intervalo de silêncio que permite relacioná-los. No sânscrito, o hiato entre duas palavras é denominado *sandhi*. Enquanto o espaço, numa igreja barroca, é preenchido em sua totalidade por ornamentos (como a música barroca que não permite pausa), uma pintura chinesa de nanquim apresenta grandes espaços em branco entre névoas que sugerem montanhas. O grande compositor contemporâneo John Cage levou o conceito da experiência do silêncio às últimas conseqüências, concebendo uma peça composta apenas de silêncio. São os intervalos de silêncio que possibilitam o reverberar na freqüência alfa das ondas cerebrais. No Alap, os grandes intervalos de silêncio, entre duas notas, fundamentam a pulsação e "falam mais alto" que elas. Lembremo-nos que foram os matemáticos indianos que inventaram o zero.

5.
Mantra e Canto Clássico

Desde os tempos mais remotos, a voz tem sido na Índia considerada como a arte primeira, sendo seguida pela música instrumental e a dança. Certos estilos de música instrumental seguem fielmente a arte vocal. O grande mestre do sitar, Vilayat Khan, costuma, em seus recitais, convidar um cantor para interpretar um Raga e depois demonstra como pode, em seu instrumento, reproduzir todas as nuanças e shrutis da arte vocal. Por meio da música instrumental e da dança atinge-se a realização espiritual, mas o canto é considerado como o caminho mais rápido e seguro. Através do canto, a temível serpente do *Kundalini* é encantada. O sopro é a própria corrente energética de vida chamada *prana*. Esta corrente de vida também imanta os instrumentos de corda, sopro e tambores. A corrente prânica emitida pela voz ou instrumentos incorpora-se à corrente de vida dos ouvintes, infundindo-lhes mais energia vital. O Raga articula suas seqüências melódicas por meio da troca de energia estabelecida entre o músico e a audiência.

Orvalho Celestial

Várias vezes como citarista recebi durante a interpretação dos Ragas um fluido muito especial, um orvalho celeste que se irradia a partir de certa combinação precisa de notas. Neste momento o recital toma novo ímpeto abençoado por esse Prana que esparge-se a todos.

A Voz Prânica

No sânscrito o termo *Sura* significa simultaneamente respiração e nota musical. No grego clássico, *pneuma* significa tanto sopro como alma e inspiração divina. Há três graduações, na corrente emitida pela respiração humana: a primeira é a respiração em si, inalada e exalada pelas narinas; a segunda, de maior gradação, é obtida quando este ar se transforma em sopro. Ao soprar, a corrente de ar é direcionada, assim como a energia (*prana*) nela contida. Mas a terceira, de grau supremo, é o som, pois neste estágio o sopro emitido na forma de som é intensamente vitalizado pela energia etérea. Os Brahmins, quando estudam os *Vedas*, não se concentram apenas ao que está escrito ou a seus significados. Estudam, porém, com afinco, a pronúncia exata de cada sílaba, de cada palavra. Sabem que milhares de repetições da mesma palavra produzirá, algum dia, aquele magnetismo, aquela eletricidade, aquela sagrada corrente prânica. O conhecimento da ciência sonora pode dar a uma pessoa um instrumento pelo qual ela poderá sintonizar-se tanto a si mesma quanto aos outros. Aquele que encontrou a nota-chave de sua voz terá encontrado também a nota-chave de sua própria vida.

Mantra – A Seta Sonora ao Infinito

Os cantores da antiguidade costumavam cantar uma única nota por cerca de meia hora e estudavam minuciosamente seu efeito sobre os diferentes centros de seu corpo (chakras). Verificavam como a voz produzia a corrente vital, como ela desenvolvia os poderes mentais e a intuição. Por essa razão, os sábios sempre consideraram a ciência do som como a mais importante para o despertar espiritual. Na ciência do mantra, ciclos sonoros compostos por vocalizações que, como o Tala, se repetem ciclicamente, são, desde o período védico, utilizados como terapia. O mantra harmoniza o pulsar cardíaco e o ritmo respiratório através da vibração sonora. Existe um fluxo contínuo que transcorre das vibrações audíveis para o campo das vibrações internas, ou seja, do som à respiração. No sânscrito, o termo *sura* significa tanto som quanto respiração. O mantra, como certos tipos de vocalização, são tradicionalmente utilizados pela medicina ayurvédica, que conhece os acordes sonoros específicos que produzem efeitos terapêuticos em cada órgão do corpo humano. Por meio do mantra fala-se com os deuses. Os sábios da Antiguidade védica relacionaram a voz aos cinco elementos:

* Terra – A qualidade terrena da voz incute esperança, encoraja e reanima.
* Água – A qualidade aquática da voz é sinuosa, enebriante e inspiradora. Tem o poder de cura.
* Fogo – A qualidade ígnea é excitante e impetuosa. Ela alerta a humanidade através de seus profetas de *língua de fogo*.
* Ar – A voz aérea é transcendente, transportando, em suas leves asas, o ouvinte a um plano pleno de harmonia e sortilégio.
* Éter – A voz etérea transmite a calma e a paz num processo de elevação espiritual tanto inebriante quanto curativo.

A voz não apenas indica o caráter do homem, mas também seu grau de desenvolvimento espiritual. Ela ressoa nas esferas etéreas espirituais e se constitui no mais forte veículo de transmissão de prana. O mantra consiste numa repetição contínua e solene de palavras ou sílabas sagradas. Muitos deles perderam seu significado lingüístico, mas seu poderoso poder prânico permanece imutável. O mantra visa, antes de tudo, produzir a corrente vital por meio da repetição cíclica de vocalizações.

Canto Clássico – A Milenar Arte Vocal Indiana

Enquanto a estrutura do mantra é circular, a do canto clássico é espiral. No alap, o primeiro movimento, o cantor começa lentamente a proferir as sílabas sagradas, e a linha melódica gira sinuosamente ao redor da nota tônica (Amsa). A cada volta, ela não se repete como no mantra, mas articula-se nos matizes cromáticos da escala do Raga. No Jor, o canto começa lentamente a acelerar, aproximando-se cada vez mais do eixo central (Amsa), esculpindo, a cada volta, uma forma cônica similar a dos templos indianos. No Jhala (muito rápido) a sinuosa melodia espiralada a certo momento toca o eixo central, formando o vórtice do cone, e dando por encerrada a execução.

A Iniciação à Arte Vocal

O neófito não apenas aprende a milenar arte vocal, mas, antes de tudo, incorpora a energia espiritual do Guru. O iniciante deve primeiramente descobrir o centro de sua própria voz, sua nota básica e, através dela, poderá ajustar tanto seu próprio ser quanto o dos outros. A voz não indica apenas o caráter do homem, mas também é a expressão de seu espírito. A música vocal é a mais poderosa, pois o canto é próprio prana. Os cantores têm maior magnetismo que as pessoas comuns. O som que entoam acaba produzindo um efeito sobre si próprios, ficando imantados deste forte magnetismo toda vez que praticam. Na Índia, os cantores são lendários (e temidos) por sua capacidade de encantamento hipnótico por meio do som.

A Primeira Aula

Na primeira aula, o mestre profere o Sa que deverá ser entoado da forma mais natural possível. Antes de receber qualquer ensinamento vocal, o aluno aprende a dedilhar a tampura, um instrumento de quatro cordas afinada em P S

S S que emite um som contínuo, usado como acompanhamento. Enquanto afina o instrumento, o cantor concentra-se, afinando sua própria alma. É necessário frisar que, ao contrário do Ocidente, a arte vocal indiana não é empostada. Como o *self* jungeano (o eu espiritual), cada iniciante deverá procurar seu próprio Sa, centro da mandala de sua mente. Deverá ainda visualizar este Sa e tomá-lo como Guru. O grande Paramahansa Yogananda legou-nos esta belíssima reflexão poética sobre a arte vocal:

> Cantar em alta voz,
> cantar sussurrantemente,
> cantar mentalmente,
> cantar subsconscientemente,
> cantar supraconscientemente.
> O cantar supraconsciente aflora
> quando as vibrações internas do canto
> são transformadas em sabedoria
> e quando a atenção atém-se
> à maior vibração cósmica.

PARAMAHANSA YOGANANDA

Estilos de Canto Clássico

A música vocal indiana clássica tem origem nos cantos védicos. Os *Vedas*, escritos entre 1500 e 600 a. C., constituem a base da religião indiana. São até hoje cantados utilizando-se apenas as notas Sa, Re e Ni. Os mestres da antiguidade não constituíam-se meramente de simples cantores de talento; eram na verdade rishis (sábios), em estado de graça, grandes conhecedores do controle respiratório, além da ciência do som. O sul da Índia, permanecendo imune às influências externas, manteve-se mais fiel às raízes védicas e à tradição dravídica ancestral. Hoje em dia, o estilo carnático, que tem por centro a cidade de Madras, detém grandes expoentes da arte vocal como a cantora M. S. Subbulakshmi. O hindustani do norte, que recebeu forte influência turco-mongol-persa, apresenta três estilos principais: o antigo Dhrupad, o romântico Khyal do século XVIII e o Thumri do século XIX de caráter fortemente emocional. O Dhrupad é o mais clássico, ortodoxo e tradicional: de forte influência védica, é austero, introspectivo e solene. O termo Dhrupad provém do sânscrito *Dhrupa Pada* que significa "palavra da Verdade". Tive, certa vez, o privilégio de presenciar o mais importante festival deste estilo, o *Dhrupad Mela,* que se realiza anualmente em Benares.

O Dhrupad Mela

Sob uma grande tenda estendida no átrio de um milenar templo do Ganges, apresentam-se os mais conceituados musicistas do gênero, vindos de toda a Índia e montanhas do Himalaia. Contemplando-se o crepúsculo no rio sagrado, percorre-se a estreita rua Assi e subitamente abre-se um luminoso espaço onde sob forte fragrância de incenso uma multidão em lótus espera o início do espetáculo. Ao palco, ricamente ornado por flores laranja, rosa e amarelas, sobem o cantor e seu percussionista. Após um instante de concentração, o cantor começa a dedilhar sua Tampura e solene inicia o Alap, proferindo as sílabas sagradas. Passando o Jor e o Jhala, ele finaliza a primeira parte da execução, levando todos a um estado de puro encantamento. Segue-se, então, um pequeno intervalo no qual o percussionista aproveita para afinar com um martelo seu instrumento. Acompanhado pelo pakavaj, o vocalista imerso no ritmo da tala vai progressivamente acelerando sua interpretação até atingir o momento culminante que encerra o Raga. É preciso notar que neste estilo tradicional e milenar, a tabla, criada no século XVI, não entra jamais.

Os Taans

Muitos recitais de arte vocal são verdadeiros desafios de quão longe o cantor clássico pode chegar na execução dos complicados Taans (frases musicais). Krishna Chakravarty, minha mestra de sitar, certa vez segredou-me que a música clássica indiana é um verdadeiro combate. O virtuosismo destes mestres consiste em articular difíceis padrões melódicos em alta velocidade, dentro de uma rígida precisão matemática. Nestes lúdicos desafios, as frases musicais vão complicando-se cada vez mais, até que um dos participantes é forçado a desistir. A ciência do Taan fundamenta-se na crença védica de que o poder mágico destes malabarismos sonoros produz forte impacto sobre os ouvintes.

O Turbante de Khan Saheb

O grande vocalista Krishna Rao Shankar Pandit apresentava-se no Bharatpur Sangeet Sammelan. Exibia todo seu virtuosismo, cantando intrincados Taans de complexidade sobre-humana. O tocador de sarangi (espécie de cello indiano), Ustad Khan Saheb, suava frio, penando para acompanhá-lo. As frases complicavam-se cada vez mais e, a certo ponto, o turbante de Khan Saheb acabou por cair de sua cabeça. O auditório não conteve a gargalhada, e ele irritado exclamou:

– De que estão rindo! Apenas eu posso acompanhar Pandiji tão longe, neste recital!

Thumri e a Diluição do Raga

Atualmente, o estilo emocional Thumri banalizou-se, originando a canção semi-clássica estereotipada que invadiu o cinema e o rádio, sendo ouvida por toda parte na Índia. A voz de seus intérpretes é padronizada a tal ponto que temos dificuldade em distingui-los. Esta música comercial, melosa, lacrimosa, monótona e de gosto duvidoso é, na verdade, a diluição do Raga. Não possui vibração espiritual ou poder de emissão prânica. Alguns mestres como Ravi Shankar, atualmente com idade avançada, partem para um retorno às raízes, ao austero e solene Dhrupad.

O Iniciado Musical

O mestre Shankaradeva costumava cantar os Ragas em sua pequena choupana às margens do Ganges. O lugar vivia lotado e as pessoas compraziam-se em apreciar suas vocalizações sagradas, da aurora ao crepúsculo. Com o passar do tempo, ele acabou por perder a voz. Embora totalmente mudo, seu Ashram continuava a atrair cada vez mais gente.

6.
A Vina e o Sitar

A Vina

Deixem que a mais antagônica das pessoas acerque-se a um tocador de Vina e esse antagonismo não poderá suster-se.

INAYAT KHAN

Conta a mitologia que Shiva decidiu certa vez criar um instrumento que alegrasse e elevasse a alma dos homens. Em meio à floresta, onde meditava e entoava mantras, pegou um pedaço de bambu e o adaptou a duas grandes cabaças. Surgia, então, a rudra vina tocada até nossos dias no norte da Índia. Parvati, a esposa de Shiva, resolveu também criar um instrumento: pegou duas cabaças e, cortando transversalmente uma delas, criou a sarasvati vina. Estes instrumentos podem ser apreciados em antiquíssimas esculturas de quatro mil anos, sendo freqüentemente referidos nos *Vedas* e *Upanishades*. Suas nuanças são tão delicadas que se costuma dizer que aquele que dedilha a vina está apto a tocar qualquer instrumento. A sarasvati vina possui sete cordas e sua sonoridade poderosa e profunda remete-nos ao magnetismo da voz humana. Tocada principalmente no sul da Índia, é sempre associada à deusa do conhecimento. Um grande poeta da Antiguidade clássica dedicou-lhe esta elegia: "Ó Sarasvati Vina! Tangendo tuas cordas ou ouvindo teu profundo som, poderemos sentir-nos livres mesmo se tivermos assassinado um Brahmin!".

A Sarasvati Vina.

Ramakrishna e a Vina

O grande místico bengali Ramakrishna, tomado por uma grande vontade de conhecer o som da vina, dirigiu-se a Benares. De barco, entrando pelo Ganges, vislumbrou todos os seus Ghats (escadarias de pedra) e magníficos templos cobertos de um brilhante dourado, poderosa energia etérea sedimentada através dos vários milênios pelos devotos. Lá encontrou Pandit Mahesh Chandra Sarkar, eminente mestre da vina. Quando Sarkar começou a dedilhar as cordas de seu instrumento, Kamakrishna entrou imediatamente em profundo Samadhi.

Ramakrishna e a Voz de Deus

Ramakrishna ficara tão impressionado com a maestria de Pandit Mahesh Chandra Sarkar, que o convidou a realizar um recital em seu Ashram. Após a apresentação, Ramakrishna, em estado de Samadhi, falou aos discípulos:

– Ao saírem daqui, ouvireis a Voz de Deus!

Um deles, extasiado com o som da Vina, abandonou o templo, mas ao atravessar a rua, quase foi atropelado por um elefante.

Revoltado, voltou ao Ashram e desabafou ao mestre:

-Disseste que ao sair ouviria a Voz de Deus, mas quase acabei perdendo a vida!

Ramakrishna pediu-lhe que contasse a história direito e ele prosseguiu:

– Quando em estado de graça cruzava a rua, um elefante quase me pegou; teria morrido se o condutor não gritasse:

– Sai da frente! Sai da frente!

– Essa era a Voz de Deus! exclamou Ramakrishna.

A Rudra Vina e as Serpentes

A rudra vina, criada por Shiva, é atualmente apenas tocada por raríssimos mestres do norte da Índia e altas montanhas do Himalaia. Seu som penetrante tem o poder de encantar serpentes, que, esquecendo o instinto de sobrevivência, são atraídas de longe. Não vendo nada nem ninguém, entram em êxtase, erguem-se e levantam a cabeça para a esquerda e para direita. Embora completamente surdas, a vibração magnética das sete cordas é captada em todo seu sinuoso corpo. Enquanto a rudra vina estiver tocando, ela permanecerá neste estado.

Cabaças que originarão as caixas de ressonância dos sitars.

O Sarangi.

A Rudra Vina e o Califa Omar

Em meio a terrível conspiração, um fanático que desejava matar o Califa Omar, ouviu dizer que este não vivia em suntuosos palácios, embora fosse rei, e que passava a maior parte do tempo nas florestas, tocando com maestria a rudra vina. O conspirador recebeu com entusiasmo a notícia, pois teria então todas as oportunidades de realizar terrível intento. Lá chegando, ele encontrou Omar tranqüilamente sentado, tangendo com maestria as cordas de sua rudra vina, num harmonioso crepúsculo. Mas quanto mais o assassino se aproximava, mais seu semblante ia mudando, até que por fim, deixando cair a adaga, exclamou: – Não posso fazer-te mal! Dize-me que força de ti emana, e me impede prosseguir? – Omar solenemente respondeu:

– Minha União com Deus através do Som!

O Sitar

O céu e o mar se ajustavam para formar uma espécie de sitar.

RABINDRANATH TAGORE

Amir Kushru, grande poeta, místico Sufi, músico e estadista do século XIII era um daqueles sábios cujo conhecimento versava as mais variadas áreas da cultura de seu tempo. Seu nome ficaria lendário por inventar um dos mais sublimes instrumentos conhecidos: o sitar (cítara em português), termo que provém do sânscrito *sapt tara* (sete cordas) ou do persa *seh tar* (três cordas). Este genial inventor tornou a vina mais leve e, fazendo vibrar sobre uma ponte abaulada de marfim sete cordas de aço e bronze, obteve o som celestial. Estas sete cordas são afinadas no acorde mágico S S P S P S M. Além disto, Kushru adaptou, sob os trastes de metal arqueados, onze cordas finíssimas de aço (afinadas na escala do Raga) que vibram em ressonância às principais. Como no piano (o sitar é considerado precursor deste instrumento), ao tocarmos uma nota, os harmônicos vibram num efeito denominado simpatia. As sete cordas principais do sitar simbolizam o Céu, e as de ressonância, a Terra. Deste simbolismo advém a noção que podemos sintonizar à Gandharva se a ela estivermos perfeitamente sintonizados e afinados. Na Índia concebe-se uma forma de iluminação (despertar espiritual) por meio dos harmônicos sonoros e cromáticos.

Krishna Chakravarty e o Sitar

Durante uma de suas preleções, Krishnaji aconselhou-me que sempre que algum problema rondasse minha alma, pegasse o sitar e tocasse, pois o magnetismo deste instrumento tem o poder de elevar o pensamento, sintonizá-lo aos planos celestiais, e exorcizar todo o mal.

Ravi Shankar e o Sitar

Música é a única linguagem que realmente conheço, pois acredito em "Nada Brahmam" – O Som é Deus.

RAVI SHANKAR

No início de uma aula, ao afinar o sitar, Ravi Shankar contou-nos que cada citarista deve encontrar no instrumento seu próprio timbre sonoro. O coração do sitar é a pequena ponte de marfim (Javari) que, conforme sua superfície abaulada é lixada, apresenta tanto um som agudo como um grave, áspero, distorcido ou doce. Atualmente, o marfim está indisponível na Índia (proibido por severas leis ecológicas) e as pontes estão sendo feitas de osso de carneiro ou resina sintética. Alguns mestres chegavam até a usar o exótico chifre de rinoceronte em suas pontes, material que atualmente pode levar o contraventor à prisão por três anos. Mestre Shankarji disse-nos também que após o empenho de anos, conseguiu encontrar a sonoridade perfeita de seu sitar.

A Crise Existencial de Shankar

Ravi Shankar, em 1949, embora estivesse no auge do domínio técnico de seu instrumento, enfrentava uma violenta crise emocional, espiritual e financeira. Chegou até a pensar em acabar com tudo, jogando-se debaixo de um trem, fixando até uma data para isto. Mas na véspera do dia marcado, recebeu a inesperada visita de Tat Baba, um grande mestre espiritual, que bateu a sua porta pedindo um copo d'água. Shankar, sentindo a poderosa aura vibracional deste Guru, tocou para ele.

Imediatamente, as modulações melódicas do sitar fizeram-lhe esquecer completamente o nefasto intento e o recital que realizaria naquela noite para o Príncipe de Jodhpur, que lhe renderia um bom dinheiro. Inebriado pela música, Tat Baba disse-lhe que a quantia que perdera na ocasião voltaria várias vezes em valores muito superiores.

A Vina e o Sitar

Certa vez, numa loja de instrumentos musicais em Bombaim, notei que apenas vinas dispunham-se numa singela vitrine. Ao perguntar ao comerciante se eles não vendiam também sitars, ele secamente respondeu-me:

– Não trabalhamos com instrumentos modernos!

O Sitar como Miniatura do Cosmo

Todos os elementos da natureza são representados no sitar: o elemento terra pelo corpo do instrumento, construído de madeira teka (*teak wood*), a mesma usada pelos antigos navegadores portugueses para fazer suas caravelas; o fogo pelas sete cordas principais e a água pelas simpáticas; ar pelos pássaros incrustados em seu corpo e o éter pelos suportes de marfim que se encontram na extremidade das cordas.

Sitar na forma de pavão.

Vina na forma de tartaruga.

Vina na forma de jacaré.

Radakrishna Sharma

Radakrishna Sharma, eminente luthier de Benares (que construiu meu sitar), para escolher qual cabaça utilizaria em seus lendários instrumentos, cortava-as transversalmente, e as enchia de água, jogando posteriormente uma pequena pérola em seus centros. As que apresentavam na água ondulações simétricas, como uma mandala, eram as escolhidas, pois o som ressoa por vibrações similares. As rejeitadas apresentavam na água desenhos caóticos e irregulares. Podemos assim constatar até onde vão os segredos destes iniciados cuja tradição transmitida como uma tocha de pai para filho remonta milênios.

Cordas de Metal do Sitar e a Coluna de Qutub Manar

Sempre em conferências sobre a música clássica da Índia, quando digo que as cordas do sitar são de aço e bronze, inevitavelmente surge a pergunta de como seriam elas na antiguidade. Numa delas, um eminente musicólogo sugeriu que as cordas deveriam ser de tripa, como os alaúdes europeus medievais.

Muito intrigado pela questão, fui procurar um engenheiro (que também era um exímio citarista) da Universidade de Benares e ao perguntar-lhe se na antiguidade as cordas do sitar seriam de tripa, ele sorrindo responde-me:

– Os metalurgistas da antiguidade conheciam melhor o metal que nós. Eram alquimistas visionários que podiam transcender a realidade e pressentir o desconhecido, o incompreensível. Os ferreiros antigos esperavam a hora certa quando a configuração planetária era perfeita e os raios solares iluminavam o metal de forma que este absorvesse precisamente sua energia.

Para demonstrar-me a perícia destes metalurgistas, que provavelmente sabiam fazer cordas melhor que as nossas, ele citou o exemplo da lendária coluna de ferro de Qutub Minar em Déli.

À primeira vista, essa coluna parece igual às outras, mas seu segredo que desafia os maiores especialistas, é que passados mais de 1.600 anos após sua construção, ela não apresenta nenhum traço de ferrugem. Os metalurgistas contemporâneos não conseguem descobrir a razão pela qual quando surge algum indício de ferrugem, ela tem a propriedade de curar-se sozinha, eliminando a ferrugem tal como o corpo humano livra-se de uma ferida. A coluna tem pouco mais de sete metros de altura e pesa umas seis toneladas. Foi erigida em 320 d. C. e permanece ereta e impecável através dos milênios sob o forte sol, ventania e as fortes tempestades das monções, desafiando os maiores especialistas em corrosão e engenheiros metalúrgicos do mundo. É um exemplo vivo do milenar engenho e prodigioso pensamento indiano.

Ragamalika do Raga Megh. O rei Malhar contempla as nuvens multicores das monções.

O Instrumento Celestial

Conta-se que um Rajá, lendário por sua sabedoria, certa vez desafiou seus três músicos de corte a trazerem-lhe um instrumento que exprimisse com exatidão a Música Celestial. Eles então partiram às terras distantes, na tentativa de cumprir a difícil missão.

Meses depois, o primeiro deles chegou ao palácio com uma preciosa flauta de jade trazida da remota Mongólia. Anos e anos se passaram, quando o segundo apareceu com um riquíssimo santur (saltério) persa de marfim, todo incrustado com pedras preciosas. Mas o instrumento escolhido foi o do terceiro, uma singela e rústica cítara sem cordas, provinda das altas montanhas do Himachal Pradesh (Himalaia indiano).

Stockhausen e o Sitar

O compositor alemão contemporâneo Kharleinz Stochausen, um dos maiores expoentes mundiais da música eletrônica, trancou-se num quarto (equipado com os mais modernos recursos de gravação) por quatro dias com os músicos Peter Eovos, Herbert Henk e Michael Vetter. Os instrumentos utilizados foram apenas um sitar, um sino de navio e uma panela cheia de água. Stockhausen pretendia, nesta experiência, tentar entender (em suas próprias palavras) "O Fenômeno da Microtonagem do Sitar".

Stockhausen, inspirado na música indiana, compôs a peça *Stimmung* (a capa do disco exibe Shiva Nataraja) na qual acoplou filtros e osciladores eletrônicos aos microfones de seis vocalistas (sentados em círculo) entoando o mantra *Aum*. O resultado é uma espetacular consonância-dissonância mântrico-eletrônica.

John Cage e o Sitar

Quando o grande experimentalista norte-americano John Cage esteve no Brasil em 1985, tive a oportunidade de mostrar-lhe minha composição *Raga para Debussy* e minhas transcrições para sitar e harpa da *Gymnopedie n. 1* e da *Gnossiene n.1* de Erik Satie. Após ouvir atentamente as peças (num *walkman*), Cage, com um largo sorriso, incentivou-me a seguir em frente, dizendo que eu estava no caminho certo; sua apreciação deu-me muita força e firmeza, pois Cage é um dos meus grandes ídolos e sua obra sempre esteve estreitamente ligada ao Oriente, ao Zen e ao I-Ching. Na ocasião, dedicou-me, com sua peculiar caligrafia, as palavras: *For Marsicano who plays sitar, Best Wishes – John Cage* (Para Marsicano que toca cítara, melhores votos – John Cage).

Yehudi Menuhin e Ravi Shankar.
O Ocidente encontra o Oriente.

O Templo Raja

Passava por uma rigorosa prática iniciática de completo silêncio (três dias sem poder pronunciar uma só palavra) no templo Raja da Sociedade Teosófica. Era tarde da noite quando alguns jovens teosofistas escutaram-me tocar sitar no interior do santuário. Ansiosos por apreciar um Raga da noite, procuraram o caseiro que abriu o portal que estava totalmente trancado.

Ao entrar, subiram a longa escadaria, e ouvindo o som do sitar que reverberava pelas galerias, ingressaram no salão. Mas lá não havia ninguém. Saindo do templo, correram até o alojamento, e surpresos encontraram-me dormindo profundamente num de seus beliches.

7.
O Ocidente Encontra o Oriente

O Ocidente e o Oriente jamais se encontrarão!

RUYARD KYPLING

A Ravi Shankar, nascido em Varanasi em 1920, caberia a missão de não apenas introduzir a música indiana no Ocidente, como também o sitar. Desde cedo percorreu vários países europeus com seu irmão Uday, como dançarino clássico. Neste grupo faziam parte grandes músicos, como o renomado Sufi Allauddin Khan, que acabou tornando-se seu mestre. Estuda, então, no Conservatório de Paris onde inicia-se na arte da composição e conhece, nesta cidade, o célebre violinista Yehudi Menuhin. Volta à Índia e, após sete anos de intenso estudo, torna-se um dos maiores expoentes do estilo Khayal. Em 1967 realiza com Menuhin a antológica gravação *O Ocidente Encontra o Oriente* que abriria a misteriosa e desconhecida música da Índia ao mundo. Atualmente podemos apreciar tanto o Raga Malkauns, executados pelo violinista americano Yehudi Menuhin, como o Raga Bhairavi, interpretado pela flauta sublime do francês Jean Pierre Rampal, ou o Raga Yaman, tocado pelo saxofonista americano John Coltrane no Village Vanguard (Coltrane deu a seu filho o nome de Ravi). Os venezianos já haviam feito intercâmbio há vários séculos com a cultura indiana. Para termos uma idéia disto, um dos três arquitetos que erigiram o Taj Mahal era veneziano.

Claude Debussy e Erik Satie

Mas o processo efetivo de aproximação entre a tradição clássica musical do Oriente e do Ocidente foi iniciado no fim do século XIX com Claude Debussy. Este grande compositor não apenas utilizou escalas indianas e balinesas, como também colocou a concepção do tempo oriental em suas peças. Erik Satie, pai do impressionismo, teria sido pioneiro em introduzir na música clássica ocidental a noção de silêncio. Em sua magistral *Gymnopédie n.1*, as notas pontuam, suspensas, largos e elegantes intervalos de silêncio que "falam mais alto" que o som. Esta é precisamente a concepção de tempo utilizada no Alap do Raga indiano. As seqüências melódicas de Erik Satie e Claude Debussy inauguram um novo conceito musical no Ocidente que, por meio do pedal do piano, produzem um fluxo contínuo e ressonante de notas que, mesclando-se entre si, acabam por criar uma prodigiosa constelação de harmônicos. A música impressionista teria seu contraponto sinestésico na pintura de mestres como Claude Monet (também fortemente influenciado pelo Oriente) que plasmaram em seus quadros verdadeiras reverberações de harmônicos policromáticos. Em meu CD *Impressionismos,* transcrevi para o sitar algumas peças de Erik Satie e Claude Debussy, além de criar o *Raga para Debussy* na escala debussyniana dos tons inteiros. Alguns místicos afirmam que essa aproximação entre Oriente e Ocidente foi preparada no plano espiritual pela confraria da Cruz e do Triângulo, e importantes mestres e artistas orientais como Debussy e Claude Monet vêm progressivamente encarnando no Ocidente para operar essa síntese. Esse processo é irreversível e decerto atingirá a maturidade em nosso século. O homem finalmente deixará de ser capenga e caminhará com as duas pernas; o encontro Oriente e Ocidente reflete também a síntese harmônica entre os hemisférios cerebrais direito (intuitivo) e esquerdo (racional), unidos pelo chakra frontal.

O Asian Underground

Mas a grande difusão mundial da música indiana tomaria vulto como cultura de massa na década de 1960, quando George Harisson dos Beatles escolhe Shankar para seu Guru. Nos meados do século XXI, a música indiana invade as pistas de dança de todo mundo por meio de sua fusão com a música eletrônica.

Ananda Shankar, nos anos sessenta, inicia as precursoras gravações de sitar com sintetizadores analógicos Moog, enquanto seu tio Ravi Shankar pesquisa a fusão sonora entre a música clássica indiana e os osciladores eletrônicos da música de vanguarda com o grupo francês Les Structures Sonores. Esta experiência pode ser apreciada em seu disco *Transmigration Macabre.*

Mas o movimento ao nível techno de massa iniciou-se em meados dos anos 90 nos guetos indianos de Londres e nas praias de Goa com o nome de *Asian Underground* e *Trance Music*, transformando-se posteriormente no hipnótico *Vertigo Mood.* Experiências sonoras com o sitar e *grooves* eletrônicos podem ser encontradas em meu CD *Electric Sitar.* A máxima de Kypling, "o Ocidente e o Oriente jamais se encontrarão", deixa de fazer sentido cada vez mais, tornando-se apenas uma lamentável lembrança do pensamento colonialista do século XIX.

A Música de Goa e o Brasil

O aboio nordestino, que se recusa a enquadrar-se no
pentagrama, é evidentemente de origem oriental.

LUÍS DA CÂMARA CASCUDO

Os portugueses, que aportaram no século XV em Calicute com Vasco da Gama, podem honrar-se de ter sido o único povo ocidental a influenciar a música clássica da Índia. Diversos Ragas foram criados a partir da essência de sua música renascentista e das antigas canções folclóricas portuguesas, e constituem o *Portuguese Tappa*. Além disso, a moderna antropologia vem apontando uma forte conexão entre os indo-arianos, que imigraram à Europa, e o povo céltico. As escalas da música folclórica da chamada Celtic Nation – Bretanha e Normandia (França), Galícia e Astúrias (Espanha), Trás-os-Montes e Minho (Portugal), Gales, Inglaterra, Escócia e Irlanda – são idênticas às dos Ragas. Atualmente, a fusão entre a música indiana e a portuguesa vem sendo pesquisada pelo genial flautista Rão Kyao (iniciado na flauta indiana Bansuri).

As caravelas lusitanas, por mais de quatro séculos partindo de Goa (Índia portuguesa), faziam escalas em Salvador e outros portos brasileiros antes de chegar a Lisboa. Nestas embarcações, além das lendárias especiarias, aqui aportavam indianos com nomes e sobrenomes portugueses (como os escravos africanos, foram obrigados a trocar seus nomes indianos originais) e muitos radicaram-se por aqui, mesclando-se incólumes à população. Artistas de Goa e Macau (China portuguesa) percorreram nosso país durante o período colonial. Perto de Salvador existe uma igreja ornada com magníficas e policromáticas pinturas chinesas dos santos católicos, decerto de origem macauense. Em Minas, chegou-se a levantar a hipótese de influência da estatuaria chinesa de Macau (arte milenar extremamente sofisticada) na obra do Aleijadinho, cujos profetas e santos exibem olhos puxados orientais.

A Torre do Tombo, em Portugal, guarda documentos atestando a presença de artesãos e músicos indianos nos engenhos brasileiros dos séculos XVII e XVIII. Chego até a imaginar citaristas tocando em nossas varandas coloniais. Com o Zebu indiano também chegaram seus boiadeiros, trazendo consigo as milenares cantigas de tanger o gado. O grande folclorista Câmara Cascudo, em seu primeiro e antológico livro *Vaqueiros e Cantadores* (1939), considerou o aboio (toada do vaqueiro nordestino) como um cântico microtonal de origem oriental. A escala do aboio não pertence à música islâmica (não chegou aqui via Algarve) como pode parecer à primeira vista, e apenas existe no sistema do Raga indiano. A Índia paira misteriosamente sobre o Brasil; tanto a Índia como o Brasil apresentam geograficamente a mesma forma, a do coração; esta relação ainda pouco mapeada aflora em nossa cultura popular por meio de fenômenos como a Sociedade Filhos de Gandhi que em Salvador conta mais de cinqüenta mil membros. O grande cineasta Goffredo da Silva Telles abordou esse tema no vídeo *Brasilíndia*.

Da Índia vieram a banana, o coco, a cana de açúcar, a manga, a canela, a carambola, a jaca, o tamarindo, a fruta do conde e inúmeras frutas tropicais. Em nossa gastronomia, vários pratos considerados como autênticos brasileiros como a *Galinha à Cabidela* (*Kabidel*) são originários de Goa (Índia portuguesa). A tecnologia dos produtos derivados da cana-de-açúcar em nossos engenhos coloniais como o melaço, rapadura, refinação, entre outros, é proveniente dos engenhos indianos de Gujarat e Bengala. Mas esse intercâmbio não se deu apenas de lá pra cá: o cajú e o abacaxi, que podem ser encontrados em toda Índia, vieram do Brasil. Inspirado nesta relação Índia-Nordeste criei o Raga brasileiro que entrelaça a milenar sonoridade do sitar e a sofisticada técnica dos violeiros brasileiros.

Raga Nordestino	Sa	Ri	Ga	Ma	Pa	Dha	Ni
	Dó	Ré	Mi	Fá$^{\#}$	Sol	Lá	Si^{b}

Tom Jobim e o Sitar

Fui um dos primeiros professores da Universidade Livre de Música (ULM) em São Paulo. Na época, o reitor era o maestro Tom Jobim e como iniciava o curso de Música Clássica da Índia, acabei por encontrar-me com ele. Tom disse-me que finalmente chegara ao Brasil o ensino desta música que constava no currículo das principais universidades americanas e européias. Alertou-me também da similaridade estrutural existente entre a música nordestina e a indiana, que estaria evidenciada na semelhança entre a sonoridade do sitar e da viola de dez cordas. Chegando em casa, ainda na imantação da força do grande Tom, tratei logo de transcrever para o sitar uma de suas mais belas composições: *Stone Flower*.

Ravi Shankar e o Ocidente

> As pessoas vivem dizendo que o Leste é Leste e que o Oeste é Oeste, e que você tem de evitar misturá-los.
> JOHN CAGE

> O ser humano é como o coco; áspero por fora e doce por dentro.
> PROVÉRBIO GOENSE

O Sufi Inayat Khan afirmou, no início do século, passado que "o Ocidente começa agora a interessar-se pela mística indiana. Quando acordar para nossa música, será tarde, pois ela já não existirá mais na própria Índia!'". Mal poderia ele imaginar que os Ragas penetrariam no Ocidente na década de 1960 influenciando músicos de jazz como John Coltrane e grandes expoentes do rock. George Harrison dos Beatles e Jim Morrison dos The Doors tornam-se alunos de Ravi Shankar. Jimi Hendrix (que utilizou técnicas de sitar em sua guitarra) estuda com Ananda Shankar (sobrinho de Ravi Shankar) e grava *Cherokee Mist* (*take* não aproveitado de *Axis Bold as Love*) tocando sitar à sua inaudita maneira. Eric Clapton declara que os indianos contavam com "nove mil anos de experiência em distorção" (o distorcedor acabara de ser inventado). Brian Jones dos Rolling Stones eletrifica o sitar e o guitarrista inglês John McLaughlin pesquisa a fusão entre o jazz e a música indiana. Miles Davis (que incluiu em seu grupo o citarista indiano Kalil Balakrishna) confessa nessa época que ficara muito contente ao saber da existência de uma tradição musical clássica milenar totalmente fundamentada na improvisação.

Essa onda hinduísta dos sixties (que agora está de volta) levou a Índia ao cenário artístico mundial, revigorando o interesse dos jovens indianos por sua música erudita que já estava quase perdido: a música clássica indiana estava sendo esquecida em seu próprio país. Ravi Shankar escreve, em 1971, o *Concerto para Sitar e Orquestra n.1*, que viria a ser regido por André Previn. Dez anos depois surgiria o *Concerto para Sitar e Orquestra n.2*, regido por Zubin Mehta. Esta tentativa de orquestrar a música indiana tem início nos anos quarenta com as trilhas sonoras de filmes produzidos em Bombaim. O concerto de Shankar foi recebido polemicamente na Índia: um importante crítico musical do *The Times of India* (edição de Déli) escreveu um contundente artigo contra a composição: "Concerto no.1 para Sitar e Orquestra: Onde o oriente e o ocidente jamais se encontram!" Críticas à parte, Ravi Shankar (chamado carinhosamente por seus discípulos de Shankarji) começa nessa época a formar em Londres e São Francisco os primeiros instrumentistas ocidentais de sitar. Nestas preleções em grupo (Shankar aceitava principiantes, pois não havia citarista adiantado no Ocidente) tive o privilégio de iniciar-me. Com vastíssima discografia, Shakar compôs novos Ragas, incluindo alguns do sistema carnático em seu repertório.

Ravi Shankar e o Som do Vento

Certa fria manhã de inverno em Londres, Shankarji pediu-nos que chegássemos até a janela e disse:

– Ouçam o vento.

Alguns minutos depois, exclamou:

– Agora toquem o vento!

Ravi Shankar e George Harrison.

A primeira aula.

Krishna Chakravarty

Nascida em Benares, teve sua formação com Ram das Chakravarty e Ravi Shankar. Desde a década de 1970 apresenta-se pelo mundo, do Palácio Real do Nepal, tocando para o rei Narendra, até os festivais de música clássica na Alemanha, Argentina, Áustria, Brasil, Canadá, Estados Unidos e Holanda. Acompanhada por grandes tablistas como Zakir Hussain, Shamta Prasad e Shankar Ghosh, formou um dueto com o grande violinista indiano L. Shankar. Ensinou sitar nas universidades americanas da Pensilvânia e Connecticut. Considerada uma das sucessoras da didática musical e do virtuosismo de Ravi Shankar, gravou nos Estados Unidos os CDS *Ananda* e *Circular Dance*, produzido pelo compositor australiano David Parsons. Tocou no lendário concerto para Bangladesh produzido por George Harrison e ensinou a técnica básica do sitar a virtuoses do rock e jazz como John McLaughlin. Atualmente é professora da Universidade de Benares. Experimentalista, Krishna Chakravarty toca o sitar de forma extremamente pessoal e inusitada, levando o instrumento às regiões sonoras inauditas, jamais anteriormente alcançadas.

Varanasi

Acordava cedo e percorria a estreita rua Assi até o templo de Durga. Contemplando os reflexos dourados do sol sobre as tranqüilas águas do lago deste santuário (o Durga Kund) me concentrava, aguardando o momento da preleção com Krishna Chakravarty. Pontualmente, às sete horas cruzava o portão ornado com Surya, o disco védico solar. Praticava, então, no Sitar, Ragas como o Yaman e Malkauns sob a fragrância do incenso jasmim.

Krishnaji e as Perguntas

Certo dia, após fazer-lhe uma série interminável de perguntas sobre a mitologia e os deuses, Shrutis, relação entre as notas e os Chakras, minha mestra Krishnaji interrompeu-me e disse:
– Pára de perguntar e toca este maldito instrumento!

8.
A Importância da Música na Arquitetura, Pintura, Dança, Arte Dramática e Poesia

A Linguagem dos Deuses

A cultura indiana sempre foi avessa à padronização. Um de seus maiores ícones e símbolos nacionais é o emblemático tempero *curry* (vendido em potes no Ocidente), sendo que na Índia não existe de forma genérica. O curry consiste numa mistura de centenas de especiarias e cada família tem o seu. Num casamento, um terceiro curry é criado a partir da combinação dos currys das famílias dos noivos. O povo indiano não costuma comprar roupas já tingidas; eles próprios as tingem no exato matiz cromático pretendido, através das centenas de pigmentos encontrados nos mercados. Na música clássica ocorre o mesmo, cada Gharana interpreta os Ragas à sua maneira. É justamente essa "biodiversidade cultural" que infunde profundidade, riqueza e amplidão ao pensamento indiano, e o exorciza, na medida do possível, dos estereótipos e clichês da massificação e globalização contemporânea.

A Índia é o país da diversidade; de pessoas, religiões, línguas, natureza, regiões geográficas, condições de solo, flora, fauna e, sobretudo, clima e estações. A cultura indiana, embora apresente uma enorme variedade de línguas (dezesseis oficiais) e costumes, é impressionantemente uma em sua essência. Quem percorrer o país do extremo sul ao Himalaia, poderá notar que, embora cada pequena aldeia apresente características peculiares (muitas vezes até um dialeto próprio), a postura perante a existência e o olhar serão sempre os mesmos. Desde os tempos imemoriais, tudo parece fruto de uma única lei: arte, ciência, religião e filosofia. Compreender cada ramo da cultura indiana significa compreender os demais. Não havia especialização na Antiguidade. Os sábios (rishis) da Antiguidade (como os renascentistas ocidentais) eram versados não apenas nas diversas artes como também em medicina, astronomia, filosofia e inúmeros domínios do conhecimento.

A Arquitetura Sonora

A sabedoria dos anjos consiste em atingir diretamente as questões do espaço sem passar pelas do plano.

ANTONI GAUDI

Sarasvati.

O filósofo Schopenhauer definiu certa vez a arquitetura como uma "sinfonia congelada". Nos arabescos dos palácios e templos indianos podemos notar ornamentações análogas aos glissandos das peças musicais. O magnífico estudo de A. N. Vamanrao demonstrou que podemos encontrar as progressões rítmicas musicais do Tintal (4/ 4/ 4/ 4) na estrutura do grande templo de Sonaptur e nos altos relevos do milenar santuário de Madurai. Na cidade de Jaipur ergue-se o Palácio dos Ventos, construído por um arquiteto que também celebrizou-se como construtor de instrumentos. Esta edificação foi originariamente concebida para ser uma flauta gigantesca. Suas centenas de janelas possuem treliças de bambu que engenhosamente dispostas ressoam, como palhetas de uma flauta, o forte vento das monções. Aqueles que tiveram o privilégio de presenciar o fenômeno relatam ter apreciado uma inaudita sinfonia de harmônicos reverberando nas amplas abóbadas.

Ragamalika – A Pintura do Raga

A luz é a sombra de Deus

EINSTEIN

A linguagem do som e da cor é a linguagem da alma. Som e cor são vibrações e no fundo não passam de uma só coisa. Tanto a luz como o som reverberam. Existe uma luz não física como também um som não físico (*Anahata Nad*). O pintor Wassily Kandinsky costumava associar o acre verde limão ao trinado agudo do violino. Beethoven compôs sua *VI Sinfonia* (a Pastoral) em Fá (Ma), nota que, segundo certas Gharanas, teria a cor verde. O sábio Bharata, em seu tratado *O Gitalamkara*, relaciona as notas musicais às cores. Os Ragas engendram no éter formas e campos cromáticos, verdadeiros diapasões de pura luz! O Raga Bhairavi apresenta todos os matizes quentes do laranja ao exprimir o sol da manhã: o Yaman percorre todas as nuanças do azul-lilás e púrpuras do anoitecer.

Sarasvati é simultaneamente a divindade da música e das artes plásticas. As configurações sonoras dos Ragas são milenarmente representadas visualmente pela arte Ragamalika, a sofisticada pintura das peças musicais. Todo cenário mítico dos Ragas, com seus deuses, semi-deuses, estações do ano e períodos do dia, é reproduzido plasticamente. A harmonia plana da música indiana plasma-se na ausência de perspectiva de sua pintura (o mesmo ocorre com a arte medieval). Mas todas as sutilezas dos quartos de tom podem ser apreciados nas delicadas filigranas e texturas cromáticas destas pinturas.

O pakavaj.

A Dança Cósmica

Shiva, na forma de Nataraja, manifesta-se como o dançarino cósmico. Na forma de Vinadara toca solenemente a vina. Antigas esculturas representam-no simultaneamente nestas duas formas, atestando a impossibilidade da dança sem a música. A dança clássica na Índia, como a música, pouco mudou com os séculos: os grandes dançarinos seguem à risca os cânones do milenar tratado *Bharata Natyasastra*. A dança clássica exige do executante anos e anos de intensivo estudo, em que cada minucioso movimento de dedo ou de olho é cuidadosamente controlado. Estas posturas básicas de corpo foram codificadas neste milenar tratado que descreve trinta posições de cabeça, trinta e seis de olhar, nove de pescoço e trinta e sete de gestos manuais. Estes últimos são denominados *mudras* e, por meio de sua complexa linguagem, longas histórias são contadas. Estes relatos, que vão dos grandes épicos aos enredos românticos, sempre aproximaram a dança da arte dramática. Durante o período das invasões islâmicas, o Bharata Natyam foi banido dos templos e praticamente desapareceu do norte da Índia. Na opulência das cortes mogóis, a dança tornou-se cada vez mais sensual, tratada apenas como forma de entretenimento. No sul, tanto o Bharata Natyam como o Katakali permaneceram inalterados, cuidadosamente preservados e mantidos nos templos.

Mas, no norte da Índia, esta caótica e conturbada fusão cultural acabaria por gerar o sublime estilo kathak, poderosa e hipnótica dança rítmica. A dança é vista como forma de percussão. O termo *kathak* provém do hindi (estória sagrada), pois os dançarinos, em seus prodigiosos movimentos e mudras, narram épicos religiosos. O palco é concebido como a "pele de um tambor", onde os dançarinos percutem com guizos nos tornozelos. Verdadeiros desafios nos intrincados ciclos rítmicos são executados entre dançarinos e tablistas.

O Kathak e o Flamenco

Supõe-se que o kathak teria sido levado da Índia à Andaluzia pelos ciganos e originado posteriormente a dança flamenco. Experiências de fusão entre o katak e o flamenco estão em voga, sendo realizadas por inúmeros artistas andaluzes iniciados na Índia. Tanto o kathak quanto o flamenco centram-se na base percussiva e no contraponto da música feito com os pés. Nestas sublimes formas de dança ocorre algo mágico, uma espécie de transe; além disso, o olhar e o porte nobre e solene de seus praticantes (com a coluna reta e esguia) é idêntico. Instrumentos indianos, principalmente a tabla, estão sendo cada vez mais utilizados na música espanhola contemporânea.

Os ciganos provenientes do norte da Índia chegaram à Andaluzia a partir do século X, marcando profundamente a cultura desta região. A escala do Raga Bhairavi tornar-se-ia a base da música cigana espanhola e a do Raga Kirwani (também utilizada pelos barrocos) daria origem à dos ciganos da Europa Central. Atualmente não existem mais dúvidas sobre a origem do povo cigano: os lingüistas vieram a provar que seus idiomas, o calón e o romanês, provêm diretamente do hindi e do sânscrito, constatação reafirmada pelos etno-biólogos em seus testes de DNA. O termo *pani*, por exemplo, significa água tanto no hindi quanto no calón e romanês.

Rasa, as Nove Emoções

A música, a dança e a arte dramática sempre foram consideradas como artes irmãs na Índia. Nelas, a tipologia das emoções humanas são milenarmente codificadas em nove tipos básicos. O termo sânscrito para emoção é *rasa* que também significa *seiva*, *sumo* e *sabor*. Estes arquétipos dos estados de alma foram classificados como nove, e são estudados tanto na música quanto na dança e arte dramática:

- Rasa Shingara – Exprime a romântica emoção da paixão e saudade.
- Rasa Hasya – Expressa o estado de intensa alegria e comicidade. Em música é representado por humorísticas perguntas e respostas musicais.
- Rasa Karuna – Representa a tristeza, a solidão e a melancolia.
- Rasa Rudra – Expressa a fúria e a ira. Mais fácil de representar na arte dramática, em música, este Rasa é obtido mediante violentos e vibrantes glissandos.
- Rasa Vira – Caracteriza o espírito heróico de glória, bravura e nobreza.
- Rasa Bhayanaka – Este Rasa exprime o estado de medo, estupefação e terror.
- Rasa Vibhatsa – Simboliza o desgosto. De difícil expressão em música, sendo mais utilizado na arte dramática.
- Rasa Adbhuta – Representa o prazer e o agradável sentimento de fruição.
- Rasa Shanta – Exprime a paz e o estado de perfeita harmonia.

A dança cósmica de Shiva evoca sempre a nobre e solene Rasa Vira. Os tempos musicais lentos e tranqüilos evocam a Rasa Shanta, enquanto os rápidos, repletos de glissandos, criam um clima propício à Rasa Rudra. Cada Raga tem sua própria Rasa que exprime e revela seu profundo espírito. Na Índia existe um grande temor por parte do executante em interpretar o Raga segundo seu Rasa característico. A não observação desse princípio pode acarretar a completa descaracterização da peça e, segundo alguns, até gerar doença. Na música ocidental pode ocorrer o mesmo: existe a lendária história de um maestro que insistia em reger a marcha fúnebre da *Terceira Sinfonia de Beethoven* em *Allegro Vivace*, pois, segundo sua concepção, os ouvintes saiam alegres e entusiasmados do concerto.

Bhava, O Profundo Impulso da Criação Artística

Bhava é o termo utilizado para descrever o profundo impulso dionisíaco que dá origem a toda criação. A essência da estética indiana fundamenta-se nesse conceito. Bhava é o sentimento criativo em si. O vocábulo *Bhava* provém do sânscrito *Baav*, que significa o "sentimento que faz algo vir-a-ser". É o profundo sentir que imanta toda ação criativa na arte. Tem sua origem no aflorar do chakra do coração. Em música, Bhava plasma-se no profundo sentimento expresso na execução do Raga. É comum ouvirmos o comentário de que certo músico teria Bhava. Os iniciados em estado profundo de *Samadhi* imergem num Bhava de graça e bem-aventurança e plasmam, em música, este estado.

Como citarista, várias vezes, em meio à execução de um Raga, senti este forte sentimento que se manifesta como um fluido por meio de uma forte irradiação de *prana*, que solene esparge-se à audiência.

No sânscrito existe a formulação: *Brahma bhavehn jagat bhavatte* (Do sentimento de bem-aventurança de Brahma, o Universo veio a existir). Este postulado de Bharata remonta 1.500 anos. As noções de Bhava, como a de Rasa, são descritas em seu tratado *O Gitalamkara* (séc. II d. C.).

A Poesia Mântrica

A origem da poesia e da literatura indiana encontra-se nos *Vedas*, escrituras sagradas que datam de 1500 a. C. a 600 d. C. Os *Vedas*, ao serem cantados ou entoados, engendram formas no éter e reverberam nos planos superiores. Pronunciadas mantricamente, as palavras irradiam *prana*, a energia cósmica vital. Uma escritura sagrada (como também a música) pode levar ao estado de transe (*Samaddhi*). Certa vez, ao ler um antiqüíssimo pergaminho na Biblioteca da Universidade de Benares, senti pela primeira vez a imantação etérea daquela seqüência de caracteres.

A poética indiana é repleta de aliterações musicais, reproduzindo poeticamente a sinuosidade dos arabescos dos magníficos palácios e templos. Podemos notar um perfeito exemplo disto na poesia de corte indiana onde o poeta Hamira descreve os movimentos da dançarina de Kathak Radhadevi de forma tão leve, imaginativa e plena de ornamentos, que nos remete diretamente ao estilo musical Khayal.

Tilintam os címbalos
ressoam os tambores
acordes etéreos das cítaras
auriflama voz dos cantores
surge a bela Radhadevi
tomada pela febre da dança
seus sinuosos movimentos
brumas de almíscar e incenso
névoas de sortilégio e sonho.

HAMIRA

A música clássica indiana singra os milênios imperturbável como o Ganges. O vasto e sempre novo Oceano dos Ragas continuará decerto a imantar e elevar o espírito dos homens por toda a eternidade.

A manhã certamente virá,
desvanecendo a escuridão.
Em rios dourados, das nuvens
da aurora, descerá vossa voz.
E vossas palavras alçarão vôo
como os cantos que surgem
dos ninhos de todos os pássaros.
E vossas melodias se espargirão
como o perfume das flores
de todos os bosques.

RABINDRANATH TAGORE

9.
Pitágoras e o Raga Indiano

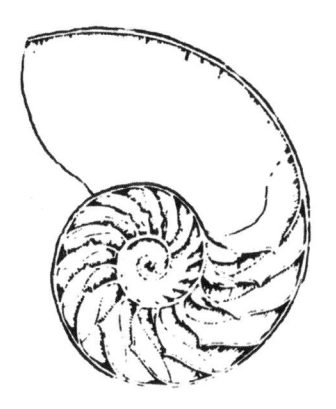

Pitágoras

Pitágoras, nascido em Samos na Grécia em 570 a.C., deduziu sua filosofia da harmonia musical. Sua concepção filosófica-científica-religiosa parte da música. Seu pensamento profético vislumbrou nos intervalos musicais as leis que regem o Universo. Se os números apenas bastam para explicar a consonância, não poderia também o todo ser exprimível como número ou proporção?

A Tetraktis

Ao medir num monocórdio os comprimentos da corda relativos aos sons, Pitágoras descobriu que os principais intervalos musicais podem ser expressos em proporções numéricas simples entre os quatro números inteiros:

$$Oitava = 2:1$$
$$Quinta = 3:2$$
$$Quarta = 4:3$$

$$*$$
$$*\ *$$
$$*\ *\ *$$
$$*\ *\ *\ *$$

$$10 = 1 + 2 + 3 + 4$$

A *Tetraktis* da Década era considerada sagrada pelos pitagóricos e sobre ela costumavam evocar os mais solenes de seus juramentos.

Por aquele que deu à nossa geração a Tetraktis,
que contém a fonte e a raiz da natureza eterna.

Sem o dez não existe coisa que esteja definida, clara e distinta.
Por sua natureza, o dez é o número fonte do conhecimento;
o dez harmoniza-se com a alma.

FILOLAU

O Raga Indiano e Pitágoras

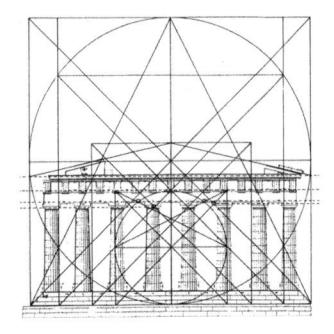

Havia na Antiguidade clássica um grande intercâmbio cultural entre a Índia e a Grécia. A língua grega clássica provém das raízes indo-européias como também as bases da música helênica. A escrita da direita para a esquerda grega, como também o modo maior (as sete notas), são de origem indiana. Por meio da Pérsia, a cultura da Índia exerceu forte influência sobre o helenismo. Por sua vez, as tropas de Alexandre, que invadiram o norte da Índia, trouxeram em seu séquito vários artistas que introduziram neste país a sofisticada arte da escultura grega. O eminente hinduísta francês Alain Danielou provou categoricamente, em sua obra *Shiva e Dionísio*, que Dionísio – divindade grega da fertilidade –, não era outro senão Shiva. Pitágoras teria se iniciado com os sacerdotes egípcios e com os brâmanes indianos.

Música das Esferas – Gandharva

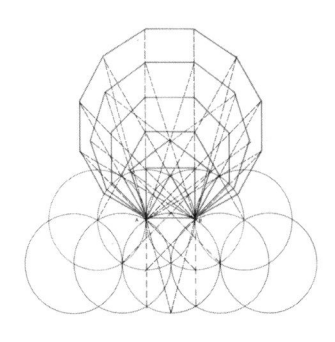

A pitagórica Música das Esferas, na Índia, é milenarmente denominada Gandharva. Sem começo, meio ou fim, ela ressoa continuamente no espaço etéreo. Não é audível no plano físico, mas é captada metafisicamente pelo chakra Anahata.

O Crescimento Biológico Gnomônico Indiano

Um dos princípios básicos do hinduísmo é o crescimento biológico gnomônico. Tudo no pensamento indiano é orgânico, concebido como multiplicação celular, desde as escalas musicais até a arquitetura e as sucessivas encarnações, representadas pelos Ghats, escadarias de pedra que imergem no Ganges. O magistral estudo de A.N. Vamanrao sobre a arte clássica indiana veio a provar que na estrutura arquitetônica de vários templos milenares indianos podemos encontrar os *talas*, ciclos rítmicos sagrados como o Tintal, Ektal, Jhaptal etc.

Tala – Tetraktis

A tetraktis é expressa na música clássica indiana por meio de um ciclo rítmico sagrado (Tala) denominado Jhaptal, que se compõe de dez unidades percussivas, divididas em 2 – 3/ 2 – 3.

Jhaptal

Dhin – Na / Dhin – Dhin – Na
Tin – Na / Dhin – Dhin – Na

Outras progressões rítmicas pitagóricas também podem ser encontradas nos ciclossagrados indianos:

Tintal

Dezesseis unidades percussivas divididas em 4/ 4 /4 /4:

Dha – Dhin – Dhin – Dha
Dha – Dhin – Dhin – Dha
Dha – Tin – Tin – Ta
Ta – Dhin – Dhin – Dha

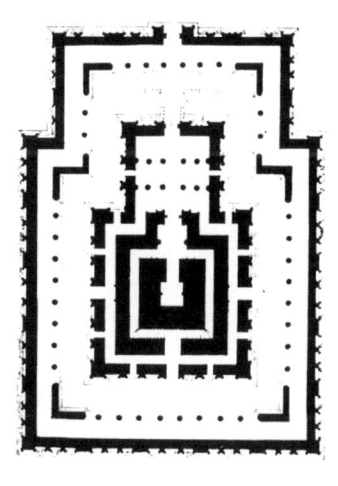

Progressão gnomônica pitagórica na estrutura de um templo indiano.

Rupak

Sete unidades percussivas divididas em 3 / 2 / 2

Tin – Tin – Na / Dhin – Na / Dhin – Na

Ektal

Doze unidades percussivas divididas em 4 / 4 / 2 / 2

Dhin – Dhin – Dhage – Trike / Tu – Na – Kat – Ta /
Dhage – Trike / Dhin – Na

O Raga e o Pentagrama Pitagórico

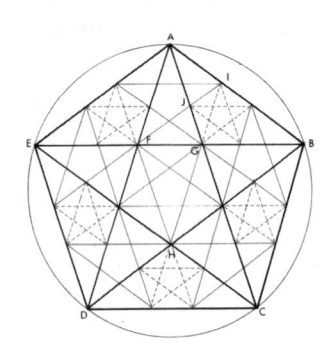

Na Magna Grécia, em Crotona (sul da Itália), Pitágoras fundou uma confraria iniciática onde seus princípios de ciência, arte e medicina eram estudados e praticados. Não havia especialistas culturais como hoje, mas *sophós* (sábios), filósofos-artistas-médicos-cientistas-sacerdotes (como no Renascimento). Na porta dos templos pitagóricos dispunha-se como insígnia o pentagrama. Esta estrela de cinco pontas, em música, dá origem às escalas de cinco notas, muito poderosas, pois associam-se diretamente aos cinco elementos: Terra, Água, Fogo, Ar e Éter. Na Índia, essas seqüências sonoras pentatônicas são entoadas com finalidades terapêuticas:

Escalas Pentatônicas Sagradas

- Raga Bhupali

    Dó   Ré   Mi   Sol   Lá

- Raga Malkauns

    Dó   Mi^b Fá   Lá^b Si^b

- Raga Durga

    Dó   Ré   Fá   Sol   Lá

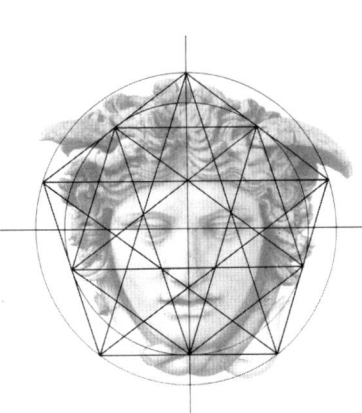

- Raga Hamsadwani

    Dó   Ré   Mi^b Sol   Lá

- Raga Shivranjani

    Dó   Ré   Mi^b Sol   Lá

Fresta ao Infinito

Tanto a música pitagórica como a indiana não são temperadas. Entre as oitavas existe um pequeno intervalo denominado *fresta ao infinito*. Esta escala não temperada relaciona-se analogamente à espiral logarítmica do ouvido humano. Aqui encontra-se o segredo de seu poder e sua sonoridade orgânica e mágica. O próprio J. S. Bach, célebre por seu *Cravo Bem Temperado*, aconselhava o não temperamento em suas peças para instrumentos solo.

O Timeu de Platão

Platão, em seu célebre diálogo *Timeu*, demonstra que a multiplicação de 2 por 3 dá origem a todos os números do sistema de afinação pitagórica, mediante a multiplicação das quintas 3:2. Essa é a Música das Esferas que harmoniza a dualidade entre o princípio masculino (ímpar) e o feminino (par). Aqui reside o caráter mágico e poderoso da relação das quintas. O sitar indiano é afinado nesta relação.

O sistema pitagórico pode ser utilizado não apenas na música como também na pintura, escultura, arquitetura e outras artes. A música pitagórica proporciona a visão da essência das coisas nas relações numéricas. Por meio da essência do pitagorismo, torna-se possível exprimir musicalmente a estrutura perfeita do Parthenon, a de um templo de Brunelleschi ou a de uma pintura de Piero della Francesca.

O Eidos Rítmico

Os números ideais são relações fixas e consistem no modelo eterno do mundo que Platão descreve no *Timeu*. Tudo na matéria não passaria de reprodução imperfeita do mundo divino das idéias. Esse princípio também pode ser estabelecido na relação existente entre o som que vibra no ar (*Ahata Nad* indiano) e a Música das Esferas (*Anahata Nad*). A noção platônica de *Eidos* (configurações sagradas) não apenas refere-se ao espaço (sólidos perfeitos descritos no *Timeu*), mas também ao tempo, por meio de configurações rítmicas perfeitas.

Glossário

ALAP. Primeira parte do Raga, lento e introspectivo.

AMATRA. Sem medida.

AMSA. Nota tônica, centro tonal do Raga.

ANAHATA NAD. Som metafísico, não percutido.

AROHANA. Escala ascendente.

ASHRAM. Local onde o Guru orienta seus discípulos.

ATI. Muito.

ATI DRUT. Movimento muito rápido.

ATI VILAMBIT. Movimento muito lento.

AVAROHANA. Escala descendente.

BABA. Literalmente "Pai", nome carinhoso, geralmente dado ao Guru pelos discípulos, amigos e parentes.

BHAGAVAD GITA. O mais celebrado capítulo do *Mahabharata* que narra poeticamente os conselhos dados por Krishna a Arjuna, em meio ao campo de batalha de Kurukshetra.

BHAJAN. Canção devocional.

BHAKTI. Devoção.

BHAVA. Sentimento profundo que imanta a criação artística.

BHAYANAKA. Rasa que denota a sensação de terror e medo.

BIJA. Semente.

BILAVAL. Escala das sete notas Suddha (puras).

BIN. Outra denominação da Rudra Vina.

BINDU. Ponto sobre o crescente que representa o Nada Brahmam.

BINKAR. Renomada Gharana que remonta ao séc. XVI, criada pela filha de Tansen.

BRAHAMA. Criador do Universo.

CARNÁTICO. Sistema musical do sul da Índia.

CHAKRA. Centro de energia espiritual no corpo humano.

DESHI. Música regional folclórica.

DHRUPAD. Estilo antigo tradicional, de caráter nobre e austero.

DHWANI. Som audível.

DRUT. Rápido.

EKTAL. Ciclo rítmico de doze matras.

GAMAKA. Ornamento musical.

GANDA. Ritual de iniciação musical que pontifica a aceitação do discípulo (Shishya) pelo mestre.

GAT. Pequena composição fixa que pode ser utilizada no Raga como Coda.

GHARANA. Linhagem e escola musical que pode remontar vários séculos.

GHAZAL. Estilo semi-clássico de canção romântica em urdu.

HASYA. Rasa que designa o sentimento de alegria e comicidade.

HOLI. Festival das Cores que marca o início da primavera.

JHALA. Terceira parte do Raga, de movimento acelerado.

JHAPTAL. Ciclo rítmico composto por dez matras.

JOR. Segunda parte do Raga em que o ritmo define-se.

JUGALBANDI. Dueto musical.

KAHARVA. Ciclo rítmico composto por oito matras.

KALI. Consorte de Shiva.

KARUNA. Rasa que caracteriza a melancolia.

KATHAK. Estilo de dança do norte da Índia.

KATHAKALI. Estilo de dança do sul da Índia que narra grandes épicos.

KHALI. Intervalo rítmico vazio e silencioso.

KHASHRAU. Músico, poeta, estadista e luthier do séc. XIV. Criador do sitar.

KHAYAL. Literalmente *imaginação, fantasia*. Estilo clássico musical criado nas cortes mogóis do séc. XVIII, de caráter romântico e repleto de ornamentos.

KOMAL. Bemol.

KRISHNA. Divindade central do Bhagavad Gita.

KUNDALINI. Corrente de energia vital que percorre a espinha dorsal.

KWALI. Canção devocional islâmica.

LASYA. Dança de Parvati.

LINGA. Falo, símbolo de Shiva.

MADHYA. Moderado.

MADHYA DRUT. Moderadamente rápido.

MADHYA VILAMBIT. Moderadamente lento.

MAHABARATA. Um dos grandes épicos indianos. A mais conhecida de suas partes é o Bhagavad Gita.

MATRA. Unidade mensurável de tempo rítmico.

MAYA. Aspecto ilusório da realidade.

MEEND. Ato de puxar a corda do sitar para baixo, onde se revela toda gama de microtons, podendo atingir até três notas.

MOGOL. Turcos de religião islâmica que fundaram o Império Mogol (séc. XVI-XVIII) na Índia. Sua denominação provém de *moghul,* nome dado aos mongóis pelos árabes. A razão disto é que Babur, o primeiro imperador mogol na Índia, fora casado com a filha de Gêngis Khan, gerando a linhagem turco-mongol.

MOKSHA. Liberação espiritual.

MOOD. Clima, estado de espírito.

NAD SIDDHA. Mestre iniciado no poder do som.

NADA. Som no sânscrito.

NADA BRAHAMAM. Som sagrado.

NADI. Canais de energia etérea que interligam os chakras.

NISHADA. (Ni) a sétima nota.

NUM TUM. As sílabas mágicas usadas principalmente no Dhrupad.

PANCHAMA. (Pa) a quinta nota.

PANDIT. Mestre musical de religião hinduísta.

PARVATI. Consorte de Shiva que se manifesta como Durga e Kali.

PRANA. Energia etérea.

RAGA. Base melódica da música clássica indiana.

RAGAMALA. Guirlanda de Ragas. Interpretação de vários Ragas que se sucedem como contas de um Jalpa (têrço).

RAMAYANA. Grande épico indiano que narra a história do príncipe Rama e sua esposa Sita.

RASA. Emoções humanas classificadas em nove tipos básicos.

RISHABA. (Ri) segunda nota.

RISHI. Sábio da antiguidade.

RUDRA. Rasa que exprime o sentimento de ira e fúria.

RUPAK. Ciclo rítmico de dez matras.

SADHANA. Prática e dedicação.

SAMADHI. Estado de concentração profunda.

SAMAN. Música utilizada para entoar os *Vedas*.

SAMSARA. Roda das encarnações.

SAMVADI. Nota subdominante do Raga.

SAPTAKA. As sete notas (suddha svaras) da oitava.

SARASVATI. Consorte de Brahama. Deusa do conhecimento, das artes plásticas, do sânscrito e da música. Veste-se sempre de branco, sendo homenageada com oferendas dessa cor. Dá o nome a um rio invisível que com o Ganges e o Yamuna, forma o Triveni, a confluência virtual desses rios.

SARGAM. Palavra composta pelas primeiras quatro notas (Sa, Ri, Ga, Ma). Denomina o solfejo e pequenas composições fixas, executadas em qualquer ciclo rítmico.

SHADJA. (Sa) primeira nota.

SHINGARA. Rasa que exprime o sentimento romântico.

SHISHYAS. Discípulos.

SHIVA. Terceiro aspecto da trindade divina indiana.

SHRUTI. Microtom, quarto de tom, coma.

SVARA. Nota musical.

SUDDHA SVARA. Tom inteiro.

SUFISMO. Ramo místico da religião islâmica. Na Índia, os Sufis detêm grande afinidade com a filosofia védica.

TALA. Ciclo rítmico.

TANDAVA. Dança cósmica de Shiva.

TAPPA. Estilo vocal inspirado em melodias folclóricas.

THAT. Escala básica do Raga.

THUMRI. Estilo clássico romântico, surgido no século XIX.

TINTAL. Ciclo rítmico composto de dezesseis matras.

TIVRA. Sustenido.

USTAD. Mestre musical de religião islâmica.

VADI. "A nota que fala". Nota dominante do Raga.

VEDA. Escritura sagrada milenar indiana.

VILAMBIT. Movimento lento.

VINAYA. Humildade.

VIRA. Rasa que exprime o heroísmo, a nobreza e a glória.

VISHNU. Segundo aspecto da trindade divina.

VIVADI. Nota dissonante, usada como efeito.

YANTRA. Formas geométricas sagradas e cores, utilizadas na prática da meditação.

Bibliografia

BATTACHARIA, D. *The Mirror of the Sky*. London: George Allen and Urwin, 1969.

BHARATA. *Le Gitalamkara*. Trad. de Alan Danielou e N. R. Bhatt. Pondichéry: Institute Français d'Indologie, 1959.

_____. *Nathyasastra*. Benares: Sanskrit Series, 1926.

BHATKANDE, V. N. *A Short Historical Survey of the Music of Upper India*. Bombay: Saddhana, 1939

BOHTLING, O.; ROTH, R. *Sanskrit – Worterbücher*. Wiesbaden: Otto Zeller Osnaburck, 1966, 7 vol.

CARILLO, J. *El Infinito em Escalas y los Acordes*. México: Sonido 13, 1957.

_____. *El Sonido Microtonal en Caribe*. México: Atlan, 1958.

_____. *Nouveau Systém General de Notation Musicale*. Paris: Musiké, 1965.

_____. *Synthetic Treaty on Harmony*. New York: G. Schrimer, 1916.

CASCUDO, L. C. *Vaqueiros e Cantadores*. Rio de Janeiro: Anagrama, 1959.

DANIELOU, A. *Northern Indian Music*. London: Halycon, 1949, vols. I e II.

_____. *Shiva et Dionisos*. Paris: Fayard, 1979.

DESCARTES, R. *Abrégé de Musique – Compendium Musicae*. Paris: Epiméthée – Presses Universitaires de France, 1988.

GODEL, D. R. *Gödel, Escher, Bach: An Eternal Golden Braid*. London: Penguin, 1998.

GOETHE, J. W. von. *Doutrina das Cores*. Trad. de Marco Giannotti. São Paulo: Nova Alexandria, 1993.

GOSWAMI, O. *The Story of Indian Music*. London: Asian, 1959.

GUY, B. *Sonic Theology, Hinduism and Sacred Sound*. New Delhi: Motilal Banarsidass, 1995.

HELMUT, S. *Mikrointervall in J.S. Bach Musik*. Hamburg: Akademicher Verlagsverbund, 1959.

HERRIGEL, E. *Zen in the Art of Archery*. Prefácio de Daisetz T. Suzuki. Los Angeles: Dharma, 1975.

ISACOFF, S. *Temperament – Music's Greatest Riddle*. New York: Alfred A. Knopf, 2001

ITTEN, J. *The Art of Color – The Subjective Experience and Objective Rationale of Color*. London: John Wiley & Sons, 1986

_____. *The Color Star*. London: John Wiley & Sons, 1997.

JUNIUS, M. M. *Sitar*. Amsterdam: Henrichshofen's Verlag Wilhelmshaven, 1974.

KARNA, C. *Listening to Hindustani Music*. Bombay: Sangam, 1976.

KAUFMANN, W. *Musical Notations of the Orient*. Bloomington: Indiana University Press, 1967.

_____. *The Ragas of North India*. Bloomington: Indiana University Press, 1968.

KEESEE, A. *The Sitar Book*. New York: Oak, 1980.

KHAN, I. *Music*. Lahore: Muhammad Ashrai, Lahore Pakistan, 1971.

KIRK, G. S. *Heraclitus – The Cosmic Fragments*. Cambridge: Cambridge University Press, 1975

KIRK, G.; RAVEN, J. E. *The Presocratic Philosophers*. Cambridge: Cambridge University Press, 1966.

MARSICANO, A. *Ragamalika Paintings – The Colors of the Hindustani Music*. London: Classical Music Review, n.8, 1988.

MISHRA, U. *Physical Theory of Sound and its Origin in Indian Thought*. Alahabad: Alahabad University Studies, 1926.

NARADA. *Sangita-Makaranda*. Baroda: Oriental Series, 1920.

RANADE, G. H. *Hindustani Sangit Paddhati*. Bombay: Saddhana, 1937, 6 v.

REANADE, G. H. *Hindustani Music: Its Physics and Aesthetics*. Bombay: Saddhana, 1939.

REINACH, T. *La Musique Greque*. Paris: Payot, 1929.

RIBERA, J. *Music in Ancient Arabia and Spain*. New York: Da Capo, 1970

SANYAL, R. *Philosophy of Indian Music*. New Delhi: Motilan Banarsidas, 1990.

SHANKAR, R. *My Music, My Life*. New Delhi: Vikas, 1974.

_____. *Ragamala, The Autobiography of Ravi Shankar*. Ed. por George Harrison. London: Genesis, 1997.

SHARMA, G. *Harmonium: The Public Enemy Number One*. New Delhi: Trimurti, 1991.

_____. *Filigree in Sound*. New Delhi: Sargam, 1970.

SMETAK, W. *A Simbologia dos Instrumentos*. Salvador: Associação dos Amigos de Smetak, 2001.

TAGORE, S. M. *Sangita-Sara-Samgraha*. Calcutá: Rama Publications, 1875.

VAMANRAO H. DESPANDE. *Indian Musical Traditions: An Aestethetic Study of the Gharanas in Hindusthani Music*. Bombay: Gandharva, 1993.

VIR, R. A. *Musical Instruments of India*. New Delhi: Pankaj, 1983.

WELLESZ, E. *The New Oxford Story of Music, Vol I, Ancient and Oriental Music*. Oxford: Oxford University Press, 1957.

Compact Discs

A Meeting By The River – Delta Ganges Blues – Ry Cooder & Vishwa Mohan Bhatt, fusão do blues com a música clássica indiana, Warner Reprise (USA).

Ananda, Krishna Chakravarty, Fortuna Records, distribuído pela Celestial Harmonies,

Axis Outakes (2 CDs) Jimi Hendrix toca sitar no take *Cherokee Mist*. Purple Haze Records, UK

Debussy – Preludes, Books 1 & 2, Claude Debussy, piano Walter Gienseking, EMI (Inglaterra)

Benares, Music for Yoga, Healing & Meditation, Alberto Marsicano, Alquimusic.

Circular Dance, Krishna Chakravarty, produzido por David Parsons, Celestial Harmonies (USA).

Concerto for Sitar and Orchestra n.2, Ravi Shankar, regido por Zubin Mehta, Angel Records (USA).

Dhrupad: Vocal Art of Hindustan, Dagar Brothers, JVC (Japão).

Evergreen Ragas, Vilayat Khan, EMI (Inglaterra).

Ethereal Rytms, Ronu Majumdar (flauta de bambú) e Zakir Hussain (tabla), Music India (India).

Electric Sitar, Alberto Marsicano, Azulmusic.

Electric Sitar, Alberto Marsicano, Landy Star Music (Rússia)

Golden Jubilee Concert Ravi Shankar, Chandra Records (Alemanha).

Gyorgy Ligeti vol.2 (corais a capella), Gyorgy Ligeti, Sony Classical, Sony Music (USA).

Impressionismos, Alberto Marsicano, Alquimusic.

Interregno – Walter Smetak e Conjunto Microtons, Walter Smetak, Marcus Pereira Records.

Jazzmine, Ravi Shankar, fusão entre o jazz e a música clássica indiana, Music India (Índia).

Journey in Satchidananda, Alice Coltrane & Pharoah Sanders, fusão entre o jazz e a música indiana, MCA Impulse (USA).

L'Euvre de Piano, Claude Debussy, piano Noël Lee (4CDs), Audivis-Valois (França).

Messe de Notre Dame de Guillaume de Machaut, Ensemble Organum Marcel Pérèz, Harmonia Mundi (França).

Musica de Julian Carillo (2 CDs), Sony Music (Mexico).

North India – Instrumental Music – Sitar – Flute – Sarangi, Anthology of Traditional Musics, Unesco Collection. Auvidis (USA).

Oasis, Rão Kyao, fusão entre a música portuguesa e a indiana, Universal Music (Portugal).

Paganini Caprices, Ruggiero Ricci, Decca (Inglaterra)

Portrait of Genius, Ravi Shankar, Angel Records (USA).

Pt. Nikhil Banerjee, Nikhil Banerjee, Imortal Series, All India Radio (Índia).

Quintessência, Alberto Marsicano, Azulmusic.

Raga do Cerrado, Alberto Marsicano, OCA – MCD.

Ragas Dipak and Latangi, Abdul Halim Jaffarkhan (sitar), Swara Shree Enterprises (Índia).

Ravi Shankar at the Monterey International Pop Festival, Ravi Shankar, Capitol Records (USA).

Ravi Shankar at the Woodstock Festival, Ravi Shankar, BGO Records (Inglaterra).

Ravi Shankar & Friends – Toward the Rising Sun, Ravi Shankar, fusão entre a música clássica indiana e a japonesa (sitar, tabla, koto e shakuhashi) Deutsche Grammophon (Alemanha).

Ravi Shankar in London, Ravi Shankar, Angel Records (USA).

Rich À La Rakha, Buddhy Rich & Alla Rakha, fusão experimental entre a percussão do jazz e a indiana, World Pacific (USA).

Rudra Vina, Ustad Zia Mohiuddin Dagar, Ethnic B (França).

Sitar Hendrix – Marsicano Sitar Experience, Sonic Wave (USA).

Sitar Sublime, Shahid Parvez,T Series, SCI (Índia).

The Sounds of the Sitar, Ravi Shankar, EMI Records (USA).

The Vegetable Man Project Vol.4 – A Tribute to Syd Barrett, Alberto Marsicano & Lauro Toledo, Oggetti Volanti Non Identificati (Itália)
Sitar and Surbahar, Ustad Imrat Khan, Lyrichord (USA).
Smetak, Walter Smetak, produzido por Caetano Veloso, Phonogram.
Stimmung / Tunning for 6 Vocalists (Paris Version), Kheirleinz Stockhausen (2 CDs), Stockhausen Verlag (Alemanha).
The Complete 1961 Village Vanguard Records (4CDs), John Coltrane interpreta o Raga Yaman, acompanhado por Ahmed Abdul-Mulik na tampura, MCA Impulse (USA).
Transmigration Macabre, Ravi Shankar, Trilha sonora do filme inglês "Viola". Fusão entre o sitar e a música eletrônica contemporânea do grupo experimental francês Les Structures Sonores, Vertigo (Inglaterra).
Une Antologie da la Musique Classique de L'Inde du Sud, L. Subramaniam (Org.) 7 CDs Ocora – Radio France. (França).
Walking On, The Ananda Shankar Experience and State of Bengal, Real World Records (USA).
West Meets East, Yehudi Menuhin/Ravi Shankar, Angel Records (Inglaterra).
West Meets East n. 2, Yehudi Menuhin/Ravi Shankar, Angel Records, (Inglaterra).
West Meets East n.3, Yehudi Menuhin/Ravi Shankar/Jean Pierre Rampal, Angel Records (Inglaterra).

Digital Áudio Vídeo

Buda Lounge, Alberto Marsicano, Azulmusic, DVD.
Different Strokes, Vilayat Khan (sitar), Sabir Khan (tabla), Hidayat Khan (tampura), – Raga Hameer – recital gravado no Royal Festival Hall, Navras Records, DVD.
Live at Royal Albert Hall, Dr. L. Subramaniam (violino) & Friends, com o violinista Ruggiero Ricci e o Madras Ensemble, Neelan's Indian Classical Music Releases, DVD.
Live in Chicago, Shivkumar Sharma (santur) & Zakir Hussain (tabla), DVD.
Live at Royal Hall in London, Vilayat Khan (sitar), Sabir Khan (tabla), Neelan's Indian Classical Music Releases, DVD.
Man and His Music, Ravi Shankar, Qualiton, DVD
Ravi Shankar in Portrait, Ravi Shankar, BBC Opus Arte, DVD
Raga, Ravi Shankar, Documentário colorido produzido por George Harrison e dirigido por Howard Worth, Wellspring, DVD.
Raga of the Kings, ("Sing Through My Sarod"), Amjad Ali Khan, Documentário colorido, Qualiton, DVD.
Ravi Shankar in Portrait, Ravi Shankar, BBC Opus Arte, DVD.
Sultan Khan (sarangi) & Zakir Hussain (tabla), Neelan's Indian Classical Music Releases, DVD.
Summer Solstice, Ali Akbar Khan (sarod), Neelan's Classical Music Releases, DVD.
Sultan Khan (sarangi) & Zakir Hussain (tabla), Neelan's Indian Classical Music Releases, DVD.

Vídeos

Brasilíndia, dirigido por Goffredo da Silva Telles e montado por Ricardo Miranda. Com Alberto Marsicano (sitar), Filhos de Gandhi, Mestre Lorimbau (berimbau), Monica Millet e Anunciação (percussão). Gravado em Salvador no Terreiro do Gantois. Co-produzido pela TV Cultura de São Paulo da RTC.

Raga do Cerrado, entrelace entre o som do sitar e a técnica dos violeiros brasileiros. Transcrição de Villa-Lobos para o sitar. Alberto Marsicano (sitar), Caito Marcondes (tabla), Liubov Klevtsova (harpa), Cynthia Lucci (bowl tibetano). Recital gravado na Sala São Paulo pela TV Cultura de São Paulo da RTC. Este vídeo foi escolhido para ser transmitido à meia-noite de 1º de janeiro de 2001, inaugurando a programação desta emissora para o Terceiro Milênio. Vídeos TV Cultura.

Roteiro e Créditos do CD

Alberto Marsicano	*Sitar*
Caito Marcondes	*Tabla e Percussão*
Edgar Bueno	*Tabla*
Ratnabali Adhikari	*Canto Clássico e Tampura*
Silvia Ricardino	*Harpa*

1 *Raga Yaman*
Peça clássica indiana associada ao início da noite.
(cor azul)

2 *Raga Malkauns*
Peça clássica indiana associada à noite e ao céu estrelado.
(cor púrpura)*

3 *Raga Jinjhoti*
Peça clássica indiana associada à noite.
(cor verde)**

4 *Raga Bhairavi*
Peça clássica indiana associada à manhã e ao nascer do sol.
(cor laranja)**

5 Alberto Marsicano, *Raga Para Debussy*
Peça composta na escala debussyniana dos tons inteiros.

6 Erik Satie, *Gymnopédie n.o 1*

7 Alberto Marsicano, *Variações para Sitar e Tabla sobre a Gnossiene n.o 1 de Erik Satie***

8 Claude Debussy, *La Fille Aux Cheveaux de Lin*

9 Edgar Bueno, *Solo de Tabla em Rupak Tal*
ciclo rítmico de sete matras:
Tin Tin Na / Dhin Na / Dhin Na

10 Edgar Bueno – *Solo de Tabla em Dadra*
ciclo Rítmico de seis matras
Dha Din Na / Dha Tin Na

As adaptações e transcrições de Claude Debussy e Erik Satie para Sitar e Tabla são de Alberto Marsicano

* Tabla Caito Marcondes
** Tabla Edgar Bueno

Gravado no MC2 Estúdio
Engenheiro de Som – Cid Campos

Balanço da Bossa e Outras Bossas – Augusto de Campos (D003)

A Música Hoje – Pierre Boulez (D055)

O Jazz, do Rag ao Rock – J. E. Berendt (D109)

Conversas com Igor Stravinski – Igor Stravinski e Robert Craft (D176)

A Música Hoje 2 – Pierre Boulez (D217)

Jazz ao Vivo – Carlos Calado (D227)

O Jazz como Espetáculo – Carlos Calado (D236)

Artigos Musicais – Livio Tragtenberg (D239)

Caymmi: Uma Utopia de Lugar – Antonio Risério (D253)

Indústria Cultural: A Agonia de um Conceito – Paulo Puterman (D264)

Darius Milhaud: Em Pauta – Claude Rostand (D268)

A Paixão Segundo a Ópera – Jorge Coli (D289)

Óperas e Outros Cantares – Sergio Casoy (D305)

Filosofia da Nova Música – Theodor W. Adorno (E026)

O Canto dos Afetos: Um Dizer Humanista – Ibaney Chasin (E206)

Música Serva d'Alma – Ibaney Chasin (E266)

Sinfonia Titã: Semântica e Retórica – Henrique Lian (E223)

Para Compreender as Músicas de Hoje – H. Barraud (SM01)

Beethoven - Proprietário de um Cérebro – Willy Corrêa de Oliveira (SM02)

Schoenberg – René Leibowitz (SM03)

Apontamentos de Aprendiz – Pierre Boulez (SM04)

Este livro foi impresso em
São Bernardo do Campo, nas
oficinas da Bartira Gráfica e
Editora S.A., em dezembro
de 2011, para a Editora
Perspectiva S.A.